마중물

■ 교단 정년퇴임 기념문집

마중물

박삼규 시와 수필

신아출판사

■ 작가의 말

세상에 처음으로 내어 놓은 글 ≪그리움이 타는 언덕≫이 출간된 지 어언 10년이 되었다. 어느 날 갑자기 어려움을 당하고 극복하면서 많은 것을 배우고 느꼈다. 그간의 삶을 되돌아보고 정리하며 미련도 아쉬움도 쉽게 지우지 못했다. 하지만, 시간이 지나며 비우고 다 털어버리고자 노력했다. 여유가 생기고 세상이 더 아름답게 다가왔다. 주변을 정리하고 생활을 일깨우면서 나온 2집 ≪마중물≫은 소중한 나의 자산이다. 세월을 추스르고 그간의 흔적들을 모아 결실을 맺고 보니 벅차오르는 기쁨을 억제할 수 없다.

한 줄 한 줄 나의 생활이며 일기라 할 수 있다. 일상의 마음이며 나의 생각의 전부라고 해도 과언은 아닐 것이다. 진솔하게 더 인간적으로 다가서고자 했지만 안타깝게도 내 필력의 한계는 어쩔 수 없음을 느낀다.

교단 40년을 마치면서 이 소중한 글을 선보이게 되어 모든 분들께 감사드린다. 가까이서 관심으로 지켜준 여러 친구들, 선후배님들, 교우 분들, 일가친척 분들께 이 자리를 빌려 진심으로 감사드린다. 특별히 오늘이 있기까지 불철주야 애써온 아내에게 고마움의 꽃다발을 보내며 가족들에게 고맙고 앞으로 더 합심 노력해서 더 나은 미래를 설계하리라 다짐한다.

여러분 모두 진정으로 사랑합니다.

2011. 8. **박 삼 규**

마중물 같은 친구……

바쁜 일상에서 산행을 하며 마음의 여유를 갖고 시상을 떠올리고 글을 쓴다는 것은 얼마나 멋진 일인가!

평소 주위 사람들을 배려하고 자연을 사랑하면서 넉넉한 마음으로 여유를 부릴 줄 아는 친구 박삼규 선생의 ≪마중물≫ 출간을 진심으로 축하드립니다.

험하고 힘든 세상에 마중물 같은 박삼규 선생이 친구인 것이 자랑스럽고 가슴 설렙니다.

踏雪野中去(답설야중거) 不須胡亂行(불수호란행)
今日我行跡(금일아행적) 遂作後人程(수작후인정)

"눈 덮인 들판을 걸을 때 함부로 걷지 말라! 오늘 내가 걸어온 발자국이 뒤에 오는 사람의 이정표가 되리라."는 옛 성인의 말씀처럼 나 역시 진정한 마음으로 세상 사람들을 위해 베풀며 사랑하고 정성을 다하는 마중물이 되고 시민들의 이정표가 되고 싶습니다.

아무쪼록 언제나 변함없이 초심을 잃지 않기를 바라며 친구의 앞날에 큰 영광榮光과 문운文運이 있기를 기원합니다.

2011. 8.

민선5시 정읍시장 **김 생 기**

■ 추천의 글

나의 생각 속에 친구가 늘 영어교사라는 선입견이 있는데, 그의 시와 수필들을 읽어가면서 선입견 같은 것은 어느덧 사라지고 어느 맑은 날 칠보산쯤에 올라가 멀리 서쪽 두승산에 잠겨가고 있는 붉은 해를 바라보는 느낌이었다. 60대 중반쯤에 와서 삶을 돌아보고 평소 못다 한 이야기를 담담하면서도 유려한 필치로 그려가고 있는 것이다. 과묵한 그의 미소 속에 참으로 다변하고 유연한 생각들이 4, 50대 청년을 연상케 한다. 붉은 해처럼 아직도 식지 않은 열정과 고민 그리고 새로운 꿈을 이야기하고 있다.

가족들에게 따뜻하고 좋은 아버지가 되기 위하여 '아버지학교'를 수료하는 일이나 일생 동안 헌신해준 아내에게 '당신의 맵시가 참 아름답노라'고 애교를 부린다.

친구의 글들을 읽어보고 맛을 보면 그의 소박한 인간미와 정년 후의 생활을 그릴 수 있을 듯하다.

그의 살아 숨쉬는 글에서처럼 퇴임 후에도 항상 건강하고 활력이 넘치는 좋은 모습 보여주기를 바란다.

2011. 8.

전 중등학교 교장 **이 전 범**

■ 추천의 글

필자와는 늘 가까이 지내다 보니 가끔 친구가 쓴 글을 읽어보곤 한다. 그럴 때마다 세상을 살아가면서 자신이 보고 듣고 느낀 일들을 글로 남기는 능력에 감탄하곤 했다.

힘든 투병생활 중에도 항상 밝은 얼굴로 의연하게 대처하며 꾸준히 작품 활동을 이어오던 친구의 모습이 생각나 다시 한 번 아낌없는 찬사와 격려를 보내고 싶다.

친구의 글을 읽다 보면 열정적인 삶의 흔적을 곳곳에서 발견한다. 교육자로서의 풍부한 경험들…… 고향 땅 정읍에 대한 끝없는 애정들…… 사회현상을 보는 날카로운 시각들…… 그리고 가족사랑에 이르기까지…… 평범한 글 같지만 글 하나하나마다 속 깊은 뜻이 담겨 있다.

말은 흘러가버리면 그만이지만 글은 다시 살아 태어난다고 한다. 지난날을 다시 되돌아보게 하는 소중한 가치가 담겨 있기 때문이 아닐까?

이제 40여 성상을 지켜온 교단을 막 내려서며 세상에 내놓는 이 책이 독자들에게 마음의 양식이 되고 필자의 내일이 더욱 행복하기만을 바란다.

2011. 8.

전 군산시 농업기술센터 소장 **진 해 균**

■ 차례

詩

고향

무던한 농자들

당신은

詩

진실

다 그런 거지

隨筆

마중물

사랑이 머무는 곳

버림의 미학

隨筆

물의 나라

After you

님의 목소리

隨筆

무지개가 그리운 계절

베트남 · 캄보디아 기행

隨筆

뿌리깊은 나무

영성의 생활

詩

내장산

내장산

서래봉 영마루에
아지랑이 넘나들 제
따스한 봄 내음이
그냥 가기 아쉬워라.

신선봉 끝자락에
운해의 섬들이 송 송
새소리 물소리가
오늘따라 정겨웁다.

붉게 타는 단풍터널
그리웁다만
청단풍 애기단풍이
마냥 더 좋더구나.

나그네 발끝에
백설이 몰아치는 날
태고의 설산에 안겨
임을 그린다.

구름에 달 가듯이

구름에 달 가듯이
세월이 간다
물 흐르듯 세월 가니
인생도 가는가.

아쉬움에 그리움
새겨가며
흘러간다.

무심히 왔다
물 따라 강 따라
유유히 흘러가나

푸른 동산에
만물이 생동하니
그 경외로움에
감탄할 뿐이다.

대자연에
삶이 있으니
섭리에 따라
나아갈 뿐이다.

설산雪山

天上에 이르는 침묵이
무한의 광야에 흐른다
벅차게 펼쳐 있는 신비의 설기둥
겹겹이 다가서는 장엄함이
雲海의 찬연함이
태고의 신비로움으로 다가선다.

짙푸른 綠陰芳草
무수히 나부끼던 언어들
적막 속에 세월을 넘는다.

영원의 소리, 자연의 調和
인간의 맥박
세월 속으로 녹아들고
인생의 충만으로 침묵한다.

※ 눈 내린 내장산 깊은 계곡에서

정읍천 벚꽃길

연분홍 우윳빛 터널
하늘 숲 어우러져
무수히 쏟아져 휘날리는
꽃비로 정읍천이 넘친다
다정한 연인들을 향한
꽃 보라 세례가 정겹다

은세계 꽃잎 물결이
발치에 채이어 감미롭다
노오란 개나리 적시고 간 개울가
훈훈한 봄 소식 남겨놓은 자리에
샘골처녀 설레는 마음 서성인다.

설국

함박눈이 새록새록
우아한 천사의 속삭임
소리없는
은백의 미소
내 가슴을 하얗게
하얗게 씻어내린다.

단풍 숲을 베개삼은
꿈꾸는 설원
적막이 흐르고
영혼이 숨을 고른다.

무심한 딱따구리
딱딱 딱딱딱
주렁주렁 까치밥
허기진 철새들만
찍찍 짹짹
눈 시리게 반짝이는 안개꽃 눈보라가
연인들의 사랑으로
넘쳐 흐른다.

※ 폭설에 뒤덮인 내장산에서

꽃 박람회

막차로 달려간 安眠島 꽃 잔치
굽이굽이 게걸음에 멀기도 해라
무명의 바닷가 언저리에
벌떼처럼 쏟아지는 함성

천 년의 신비를 머금은 듯
고고한 조상의 충절이
병풍처럼 하늘 끝으로 치솟은
安眠松들이 무척 정겹다.

넘치네
기기 묘묘 엄청난 미의 화신들
다가오네
눈부시게 화려한
감동의 물결들

순수와 이상을 뛰어넘는
인간애와 사랑이 가득하고
취한 꽃향기
武陵桃源이 따로 없네.

아 — 벅차다
감격 또 감격
생명의 조화
지고한 사랑의 불꽃
저 깊은 심연을
순수미로 씻어내는
감동의 드라마

※ 안면도 꽃 박람회에서

구름이 머무는 곳

운주사와불

억조 창생의 안녕과 무탈을
기원했을까.
내세의 무념과 극락을
꿈꾸었을까
떡시루 같은 원구형 석탑
팔각지붕 안에
등대고 앉은 석조불감
깻묵 쌓아놓은 연화탑.

끊임없는 윤회
천불 천탑을 세우려 했던
도타운 불심이 구름을 넘는다.
체념일까 아쉬움일까
누워버린 와불臥佛
그 미소가 하늘을 맴돈다.

보성차밭

천국의 이랑일까
초록빛 파도
세월을 넘고
구름도 잠시
쉬어가고 싶어라

시원한 바람결에
차 향기 은은한데
가을 햇살의 이방인
이 굽이 저 고랑을
누비고 싶구나.

삼나무길

곧게 뻗은 삼나무 숲
태고의 신비
드높은 기상이
의연하구나.

곧은 정절이
하늘 끝을 찌르니
범인의 마음
숙연하네.

한 아름 품으니 잔잔한 세월이
가득히
넘치는구나.

고상대

귓불이 에는 눈보라
칼바람이 매섭다
세차게 몰아치는 눈 세례
한 치 앞
가누기도 벅차네.

얼어붙은 입술이
하얀 탄성을 가로막는데
주목나무에 덩이덩이
얼어붙은 고상대
설국의 조화인가
세월의 길손인가

인고의 시간들이
역어낸 극치 미
진한 철쭉 내음이
가슴 시리게 아름다운
봄꽃들의 자태가
하얀 눈발에
어른거린다.

※ 덕유산 향적봉에서

마이산

너그러운 여인의
젖 봉우리가
미모를 가렸을까
은은한 새벽안개 너머로
해맑은 순이의 모습이
용담호에 어린다.

벼랑 끝 산새들아
은수사의 역 고드름 먹고
마귀馬耳의 신통력으로
민초들을 안녕케 하라.

세심계곡

산 여울에 흰 구름이
작은 물줄기 졸졸
경쾌한 산바람이
가슴을 쓸어내리네.

산새, 풀벌레 소리
부서지는 물 세례
꿈에서 노래하고
잠에서 취한다.

별빛에 가슴을 열고
은하수에 마음을 씻으니
시원한 구름다리
신선이 따로 없구려.

※ 임실 세심계곡에서

홍도야!

가파른 너울이라도 좋다
우아한 기암괴석
풍랑이 쉬어가는 동굴 가
선상 회 맛이 그만이다

붉는 저녁노을에 그슬렸나
홍갈색 절해 바위틈에
고고한 자태의
소나무 분재들
풍란의 향기 그윽하다

시루떡 독립문 바위
수호신이여 거북바위
격랑의 세월 말없이
안개비 되어 다가선다

새벽안개 자욱한데
몽돌 구르는 소리
간지럽다

싸르르 싸— 몽시르 철석
육지 손님 어서 와요
싸르르 싸— 몽시르 철석
이제 가면 언제 오나

세월 나그네

뒷모습

행여 뒷모습이
초라해 보일라
앞만 봅니다.

뜬구름일까
파란 무지개일까
빛바랜 세월이
안개비 되어
허공을 맴돕니다.

성난 얼굴로
뒤돌아보지만
텅 빈 가슴에
허한 영혼을
채울까 싶습니다.

성난 얼굴로

성난 얼굴로
일그러진 우리네 모습을
뒤돌아보라.

사악한 미소
부도덕한 군상들
분노의 촛불로
잠들게 하라.

빗나간 행동
그릇된 사고
거친 폭포수로
씻게 하라.

힘들고 지친
우리네 모습에
활력을 돋우고
진부한 삶에
도전하라.

연약한 네 영혼을
두들겨라.
바르고 정직한
네 삶에
축포를 쏴라.

비워야 할 때

무심코 들어선 길
교육의 길 40여 성상
아름답던 번뇌와 사려 깊은 열정들이
초점 없이 서성거린다.
너스레한 수다
그럴듯한 역설이 어설프다.

화려했던 가르침의 길목에서
열정과 사랑은 다 어디 갔나.
창가 언저리에서
먼 산을 바라보며
텅 빈 가슴을 쓸어내린다.

빈약한 내 영혼이 그들의
가슴을 적시는데
어설프다면
참으로 후회하기 전에
언제든지 이 정겨운 자리를
아낌없이 떠나야 한다.

무심 나그네

하루 밥 세 끼
분주히 왔다 갔다
사는 게 무언지

무심히 흐르다
바람처럼 가는 게
인생이던가.

부질없는 욕심에
허리 펼 날 없이
동동거리나

기쁨도 슬픔도
한순간이라오
잠시 스치는 바람인 것을

평생을 채우려다
비우지도 못하고
떠나는 나그네

강물 따라
세월 따라
한세상 살고지고.

무지개 마루

기다림이 머물다가
그리움이 서성이다
저도 몰래
사라져 버리는

가슴 뭉클하게
다가서다가
안타까이
부서져 버리는

자욱한 물안개
눈꽃 되어
피어오르고

언뜻언뜻
스쳐가는
모습이
추억들이

해맑은 미소로
오색 하늘에
아른거린다.

이별 연습

40여 성상
인고의 세월이
한나절 볕같이
번쩍 가는가.

머리칼이 희끗희끗
깊어가는 주름살
안경 너머
더듬어 가는 글이
오늘따라
시원찮다

정돈하라
가슴을 펴라
지금의 3년이
미래의 30년이다
절제와 땀은
내일의 평화와
부귀영화다.

오늘의 생각과 행동이
바로 미래다
외쳐보지만
말없는 메아리만
가슴 적신다.

순하고 착한
우리 아이들에게
카랑카랑하던 목소리
어느새 잔잔해지고
든든하던 어깨가
이다지도 늘어질까.

떠나온 긴 여정
감사의 마음 넘치니
행복의 노래로
가벼운 이별 연습
아! 진한 석별의 정이
벅차게 밀려온다.

고향

분동粉洞 이야기

분동 마을은 원래 태인현 서촌면에 속해 있었는데 1914년 보림면을 거쳐 1935년 지금의 태인면에 편입되었다.
분동은 태서리의 중심 마을로 조선시대 명종 대 문신이었던 일재一齋 이항李恒 선생께서 살았던 곳이다. 이퇴계 선생께서 '호남 성리학의 비조'라 할 만큼 학문이 뛰어났던 이항 선생은 생전에 선조수정실록, 경단집, 남면별곡, 해동명신록 등 명저를 남기셨다. 현재 마을 앞에 '일재 이항유허비'가 남아 있다.

보림정寶林亭

태인 평야 서쪽 자락에
일천여 세월이 알뜰도 하다
칠보산이 병풍일까
오색 무지개 찬란하다.

뒷동산 달맞이
앞 개울가 고기잡이
함께 놀던 고향 친구들
그리움이 넘친다.

면면이 이어온
따뜻한 정 흐르고
풋풋한 사랑이
기름진 평야를 내닫는다.

여기 고향 마루에
어머니의 품처럼 아늑한
휴식의 보금자리 섰나니
아! 보림정!

일하며 사랑하고
돕고 나누며 일하세
그리고 여기 보림정에서
쉬어가세나.

※ 보림정 : 분동마을에 있는 모정.

여보야! 구절초 가자

옥정호 호반에
그윽한 가을 향기
물안개가 제격 일세
굽이굽이 연보랏빛
갓길 샛길 인생길

푸른 솔 산자락마다
따사로운 햇살
풋풋한 풀내음
순결한 자연의 숨결

보아주는 이 없어도
청초한 미소로
세월을 인내하며
시원한 산허리를 넘는다

복주머니 움켜쥐듯
휘감아 도는 동강일까
행복한 가을
넉넉하고 풍요롭다

구절초 식혜
찹쌀 동동주라
촌부의 여유가 솔솔
사는 게 별거더냐
동동주에 젖어볼까

아쉬움 남겨두고
한 허리를 돌아
구절재를 넘자니
은은한 숲 속의 음률이

장금이의 옛이야기가
그녀의 해맑은 모습 속에
꽃잎 되어
어른거린다.

※ 산내면 장금리 : 대장금의 장금이가 산내 홍시로 고고한 단맛의 맛있는 음식을 빚었다는 이야기가 있다.

정

허할 때
따스함으로
무덤덤할 때
새로움으로
일깨움인가

빈 속에
든든한 찬일까
우둔한 머리
채워줌인가

별난 이야기
진귀한 보물 상자
새록새록 쌓이는
마음의 무게인가

세상 클릭

나눔의 정이
도도한
강물이로다.

※ 메일로 매일 정성을 나누어 주는 처음처럼에게 올림

꽃 비

호반에 드리운 잔영이
세월을 넘는가
자욱하게 다가서는
물안개

꽃비 되어
아쉬운 미련에
촉촉한 눈썹으로
녹아내린다.

유나의 미소

뜨—람 뜨—람
졸 졸 졸
싸르르 싸—아
아! 가을인가

늘 명랑하고
따뜻한 마음이
오늘따라
정다웁다

열성으로
한 올 한 올
정을 새긴
예수님 초상
너의 미소가
은은하다

고운 모습
맛스러운
이야기가

시나브로
가슴에 와
닿는다.

무던한 농자들

녹색지킴이

일찍이 이르기를
農者天下地大本이
생활의 근본이라
행복이 따로 없소.

따뜻해서 편안한가
배구공처럼 원만하고
백목련처럼 수수하다
구름에 달 가듯이
세월이 정겨웁다.

시냇물에 묻어 두었던
구수한 정 새록새록
세월아 내월아
우리네 소중한 우정
쌓아 보세 다져 보세

풍요를 꿈꾸는 당신이
바로 녹색의 지킴이.

※ 농촌을 위해 열심히 힘을 보태는 친구에게

무심궁전無心宮殿

벽골제에 드는 별이
보드랍고 따사롭다
농심이 묻어나
끈끈한 정 넘치니
금만평야가 무심동산이다.

마음을 일구고
영혼을 훔쳐내는 나그네
먹구름 쏟아내고
거센 풍랑이 지난날
삶이 있고 사랑이 있다.

여유와 평화
자비와 인정.

무심히 이는 바람
무시로 흐르는 강물이
빈자의 행랑에
따스한 정을 채워준다.

※ 다정한 친구가 심혈을 기울여 쓴 ≪無心宮殿≫ 책을 읽고

보길도甫吉島 연가

땅끝 전망대 멀리
출렁이는 파도가 한가로워
선현의 무거웠던 뱃길이
정겹게 다가선다.

깨 까르르 싸— 아—
깨 돌 가르는 소리
자연의 거친 숨결
영혼을 일구는 소리에
예송리의 새벽이 열린다.

그림 같은 섬 하나
사라졌나
떠다니나
안개에 어우러진 송림 동백이
깨알 돌과 조화롭다.

안무에 무디어진
절해의 뾰족산이라
풍파에 시달려온
동백 군락지가
싱싱하고 도도하다

몽돌로 탑을 쌓아
소원을 실었더니
알았노라 싸르르 싸—아
답장이 일품일세
까르르 까 — 아
몽시르 쿵딱

흐트러짐 없이
깨끗한 세연지
오늘도 유유한데
맑은 못에 머리 적신
노송 한 그루
고산의 숨결일까
고매한 겸손일까

철석 철석 벼랑 끝에
글쒼 바위 고독한데
“찌거덩 찌거덩 어영차
낚싯대는 쥐고 있다 탁주병 실었느냐”

윤선도의 ‘어부사시사’ 한 구절이
파도를 타고 오는 듯하다.

누가 압니까

마음이 쓰이거든
하고픈 얘기거든
지금 하세요

나누고 싶거든
보태고자 하거든
오늘 하세요

내일은 늦을지
누가 압니까

믿음도 사랑도
이별까지도
그 누가 진정코
알겠습니까.

돌아보는 시선이
스쳐가는 세월이
낙엽 끝에 무수히
사라집니다

물소리 바람 소리
정겨웁거든
마냥 그렇게
웃어 주세요

오늘은 따스함이
내일은 진솔함이
묻어 나올지
그 누가 정녕코
알겠습니까.

길

세월 따라
가는 길 오는 길
꽃길 가시밭길
인생길 나그네길

생명의 길
어둠의 길
의로운 길
불행의 길

가야 할 길
안 되는 길
현자의 길
탕자의 길

천국에 이르는 길
지옥에 떨어지는 길
두드려야 할 길
지나쳐야 할 길

물 흐르듯
구름 흘러가듯
마음 가는 곳에
길이어라.

물처럼

흐르는 대로 물결 따라
유유히 흐른다오.
스스로를 깨끗이 하니
무색이요 무맛인가

생명의 샘이요
삶의 윤활유라
자연의 섭리대로
세상을 노래한다.

수수함일까
여유로움인가
나서려하지 않고
다투려하지 않네

낮은 데로 가라
낮은 곳에 머물라
더불어 아우르며
그렇게 살라 하네.

당신은

사랑하는 당신은

오솔길 따라 훈풍이 다가서며
다소곳이 젖어오는 진한 내음
정겨움으로 밀려오는
한 떨기 진달래라.

무수히 기다리고 부대끼며
망가진 세월 언저리에
열정과 희망의 화신이 되어
부단히 피어나는
소망스런 백일홍이라.

찬 서리 모진 풍상에
양지 바른 길섶 너머로
청초한 꽃망울을 간직한
아침 이슬 머금은
사랑스런 흑장미라.

흑장미

아침 이슬 듬뿍 머금은
청초한 당신의 모습이
참으로 눈부십니다.

그윽한 향기에
너그러움이 여유로 넘칩니다.

때로는 톡 톡 — 쏘아대는
무심한 가시나무
갈수록 정다운 것은
맹랑한 자연의 조화입니다.

화사한 당신의 미소
늘— 가까이서 정으로
새록새록 채우렵니다.

빠알간 열정으로 넘치는
당신의 꽃망울이
오늘도 초롱초롱 빛나고 있습니다.

※ 아내의 모습에서

꽃망울

졸업은 축복이며 또 다른 시작이다
배움의 끝을 향한 매듭일 뿐이다
거기에 살아가는 길이 있고 뜻이 있다.

도전은 변화요 발전이다
삶의 열망이며
생명력의 원천이다.

젊음은 열정이다
어깨를 활짝 펴고
희망을 노래하라.

그래서
아름답고 향기나는 꽃망울로
활—짝 피어나라.

사랑스런 나의 꽃망울들이여!
뛰어라! 노력하라!
자기계발에 매진하라!

※ 2005. 학산고 3학년 4반 졸업생들에게

그리움은 언제나

앞뜰에 실개천이
뒷동산엔 아지랑이
뻐꾸기 노래하는
내가 살던 고향엔
언제나 그리움이 묻어 난다
세월이 흐른 후에
망가져버린 옛 모습들이
갑돌이 갑순이 다 떠나 버리고
남은 것이라곤 소중한
그리움뿐이던가.

지저귀던 종달새
다 어디 가고
실개천에 송사리 메뚜기
다 무얼 하나
같이 뛰놀던 竹馬故友
돌아올 길 없구나.

※ 어릴 적 고향마을을 그리며

도전

— 멀리 여행가는 사랑하는 나의 딸과 사위에게

성숙하라
세상을 살다 보면 기쁘고 즐거운 날이 많다
때로는 어렵고 힘든 날도 있다
참고 극복해 나가면 성숙의 밑거름이 되어
보람과 기쁨으로 다가설 것이다.

도전하는 자의 몫이다
미국은 넓고 할 일도 많다
부단히 준비하고 기회에 도전하는 자만이
보람과 영광을 얻을 수 있다
그러나 과욕은 금물이다.

긍정적으로 생각하라
Korean은 우수한 민족이다
장점은 살리고 단점은 극복할 것이며
긍정적 사고에 인색하지 마라
그리고 유머를 잃지 마라.

일상의 생활이 삶이고
그 삶이 바로 인생이다.

※ 2006. 6. 곁에 있는 엄마와 함께 아빠가

진실

진실 1

별천지에 별은 없고
현란한 삶이 번쩍인다.
황금 잉어빵에 황금은 없고
서민의 푼돈만 넘친다.
국화빵 어디에도
가을빛 향기 없구나.

달동네에
달은 어디 가고
서산마루에
마루는 없이
고달픔만 걸려 있나.

진실 2

정치꾼 놀음에
서민들만 고달프고
투기꾼 장난에
세상이 어지럽다.

사기꾼 농간에
썩어가는 상처들
사냥꾼들 놀이에
개들이 웃는다.

물에 물어보라

삶이 무어냐고
물에 물어보라
사는 게 무어냐고
소에 물어보라

무심히 흐르거든
그냥 따라가라
묵묵히 걷거든
조용히 따라가라

흐름이 삶이요
걷는 게 生인가

궁금하고 답답하거든
물소에게 물어보라.

진실 같은 진실

부도덕한 자들이
바르고 정직한 사람들을 꾸짖는 세상
악한 자들이
더 당당한 사회

비겁한 자들이
더 큰소리 치는 거리

비 양심이
양심을 이끄는……

진실을 진실답게
진실로 받아주라는
그 진실은
어떤 진실인가.

긍정의 힘

그러게 말이야
그럴 수도 있지
속상한 일이 있었겠지
짜증낼 만도 해
그러려니 하자고

그래 그래 맞아
참 좋은 생각이야
듣던 중 반가운 얘기네
넌 잘할 수 있어
성공할 수밖에 없지.

High—teen

여명의 새벽하늘
때 이른 철새들이
희망을 연다.

지옥을 넘나드는
High — teen들
지겨운 자율학습
보충수업이 버겁구나.

사랑을 미루어두고
책장을 넘기는가
우정을 접어두고
희망을 일구는가

작은 영웅들이여
순수에 감동하고
열정에 도전하라.

저 넓은 창공을 향해
푸른 날개를
활짝 펴라.

※ High—teen : 고등학교 학생들

생각하면

아름답다고 생각하면 눈부시고
마음을 비우면 살맛 난다
가벼운 마음에 여유가 묻어나고
여유는 약동하는 삶의 원천이다.

꽃을 그냥 순수하다고
바다를 그냥 푸근하다고 생각하면
우리네 삶은 더 윤택해진다

낙엽이 새로운 생명을 잉태하기 위한
여유로운 몸부림이라고
봄을 그냥 푸근한 마음의
고향이라고 생각하면
인생은 더없이 즐겁다.

다 그런 거지

다 그런 거지

사는 게 별거냐
다 그런 거지

결혼만은 중요하지
그건 그래

삶의 의미를 음미할 만해
정말 그럴 거야

교육만큼 중요한 게 어디 있니
그도 그렇지

환경을 빼놓고 얘기하면 안 되지
진짜 안 되지

정치 얘기만큼은 빼라고
그럼 살맛 나지

차고 치고 때리고 스포츠가 어때
최—고지

그게 그렇게 좋아
다 그런 거지.

때로는

손깍지 사이로 보이는 세상이
웬지 좋아 보이고
가지랑이 사이로 보는
거꾸로의 모습이
한결 운치 있어 보인다

선글라스 너머로
아름다운 풍경이
시원스런 파란 하늘이
마음을 새롭게 한다.

때로는 뒷걸음으로
뛰어 보라
앞만 보고 뛰어온
우리네 삶에
또 다른 의미를
일깨워 준다.

다

다
버려라, 부질없는 욕심일랑
부셔라, 미움과 증오를
비워라, 마음속에 찌꺼기를

세워라, 믿음과 신념을
마셔라, 사랑과 진실을
챙겨라, 따뜻한 마음과 정을

기쁨이요 행복이며
사랑이
다
그대 것인 것을

왜 그래

누가 세월이 야속타 했나
지내다 보면 다 부질없는 것을
쇠털같이 많은 세월
왜 그리 아웅대나
뭐 그리 시끄럽나

오늘 따라
무심히 쌓여 가는
낙엽 사이로
서늘한 바람 끝이
가슴을 파고든다.

그게 그래

친구야 왜 사니?
글쎄! 그게 그래
글쎄 라니
그저 그렇게 산다고

아니야!
살아 있으니까 사는 거지.

사는 게 무어야?
글쎄, 그게 그래
무슨 대답이 그래
어렵고 힘들어서.

잘 살고 있는 거야?
그게 나도 궁금해
아둥바둥 사는 건가?
글쎄! 그게 그러네.

정말 잘 산다는 게 뭘까?
몰라서 물어?

그게 뭔데?
단순하고 무식하게 사는 거야
그렇게 간단해?

너와 내가 있으니
골짜기에 물 흐르듯
속물처럼 사는 거야
그게 그럴까?
단순, 무식, 속물……?

고이 잠들라

세속의 풍파
거친 숨결 접어두고
깊은 잠에 취했구려.

이승의 미련과
아쉬움 뒤로하고
구천에 안주했구려.

짹각 짹각 鷄鳴의 소리
열심히 살다간
친구의 노래
모든 시름 접어버리고
고이 잠들라.

※ 계명(鷄鳴) : 친구의 계명당 시계점을 뜻함.

隨筆

마중물

부러진 회초리

부러진 화살은 의미가 없다. 과녁을 적중시키기는커녕 누구의 시선도 한곳으로 모을 수 없다.

나는 요즈음 수업에 들어가면서 30cm 정도의 막대를 들고 나선다. 지시봉으로도 쓰고, 때로는 자(잣대)로도 쓴다. 본래의 더 큰 목적은 정신봉, 보약, 가르침대로 쓰기 위함이다. 자세히 말하면 게으름을 피우고 생각 없이 덤벙대는 아이들에게, 또 양보심과 참을성이라고는 도대체 없는 학생들에게 조금이나마 경종이 될까 해서 가지고 다닌다.

물론 기본 습관이나 인성지도를 위한 사랑의 매 또는 사랑의 회초리이지 그 이상도 그 이하도 아니다. 그런데 이런 취지의 회초리가 종종 사회문제가 되어 실망스러울 때가 많다.

나는 그동안 수업시간에 잔다거나 어긋난 행동을 하면 몇 대 때려 주기도 하고 야단치기도 했는데 요즈음 내 팔에 힘이 축 늘어지는 것은 어쩔 수 없다.

"왜 때려요?" "아무개도 자고 떠들었잖아요?" 하며 매를 피하거나 반항적인 아이들, 가르침 대를 아끼고 싶어서(?) 창가에 세워 두면 벌 받는 태도가 여간 신경 쓰이는 게 아니다. 이래저래 마음 쓰다 보면 수업도 흐트러지고 만다. 학교생활의 기본이 무너져버린 것 같아 마음이 무겁다. 도대체 어디서부터 풀어야 할지 막막하면서도 그냥 봐 넘길 수만도 없다.

'사랑의 매' 라는 이름의 체벌은 크게 두 가지로 분류된다. 첫째는 우리가 쉽게 이야기하는 '채찍'이다. 몸에 물리적인 힘을 가해서 공포심을 주고 고통을 준다. 또 한 가지는 교사가 '훈계'라는 이름으로 수치심과 모멸감을 주는 일종의 '언어폭력'이다. 이 '언어의 폭력'은 스트레스나 정신적으로 충격을 주어 채찍보다 더 심한 고통이나 상처를 남길 수 있다. 체벌은 공격적인 아이를 만든다고 하는 이론이 있다. 쉽게 말해서 바르고 착한 아이들보다 거칠고 비뚤어진 아이들이 더 늘어난다는 이야기이다.

아직도 칭찬이나 상, 격려가 부족한 사회라고 한다. 칭찬이나 격려만큼 훌륭한 교육은 없다. 또한 선생님은 아이들에게 인격적으로 대해주고 혹 차별대우를 하는 일은 없나 살펴보아야 한다.

이런 선생님들의 고민만큼 학생 또한 달라져야 한다. 내가 왜 학교에 다니고 생활에 충실해야 하는지를 생각해야 한다. 학생의 본분이 무엇인지 어떻게 행동해야 하는지, 또 젊은이로서 지켜야 할 최소한의 도리나 예의범절을 챙길 수 있어야 한다. 선생님께서 왜 나무라는지, 왜 회초리를 사용하시는지 곰곰이 생각해 보아야 한다.

영국 미국과 같은 선진국에서도 체벌을 인정하고 있다. 우리나라 교원단체에서 설문 조사한 결과에 의하면 학부모의 75%가 '사랑의 매'를 찬성하고 있다.

먼저 가정에서 기본을 챙겨야 한다. 체벌한다고 학교에 전화하며 선생님만 탓하지 말고 우선 내 자녀의 마음이나 행동을 먼저 다스려야 한다. 선생님보다 먼저 가정에서 '사랑의 회초리'를 들 수 있는 준비가 필요하다. 그래야만 기진맥진한 우리 교단에서 사랑의 회초리는 마지막 버팀목이 될 수도 있을 것이다.

우리 교사들도 마땅히 변해야 한다. 지식 정보화 사회에 걸맞게 아이들의 의식이나 특성을 고려한 새로운 지도방식을 모색해야 한다. 세대 간의 신구조화를 바탕으로 새로운 가치 창조에 앞장서야 한다. 또 자신감을 가지고 청소년들을 이끌어 나가야 한다.

앞서 지적한 것처럼 채찍보다는 칭찬, 격려를 앞세우는 인내와 끈기가 요구된다. 그 속에서 이 30cm밖에 되지 않는 회초리가 그 진정한 의미를 회복하고 교사의 자존심을 지켜주는 마스코트가 되도록 해야 할 것이다.

'사랑의 회초리'가 상징적인 의미 이상의 아무것도 아닌 옛날 이야기의 한 구절이 되도록 우리 모두 노력해야 할 것이다.

선생님의 무게

어떻게 가르칠 것인가? 무엇을 얼마나 가르쳐야 하는가? 특별히 인성교육이나 생활지도에 들어가면 더 난감해진다. 인터넷 매체를 통해서 아이들이 폭력물이나 성인물 등을 손쉽게 접근할 수 있다. 또 명문 서울대나 하바드대학 도서관에도 마음대로 쉽게 드나드는 세상이다. 풍부하고 다양한 자료들이 시공을 초월하여 엄청나게 쏟아지고 있으니 말이다.

이런 정보화의 홍수 속에서 교사의 위치는 어렵고 또 힘들다. 고도의 덕목과 교육기술 현대적 감각까지도 요구받고 있다. 현실은 여전히 보충수업이나 과외열풍이 사라지지 않고 있다. 어렵고 힘든 생활지도에 머리 아프다. 요즈음의 아이들 학습량은 엄청나다. 방학도 때로는 일요일도 없이 학생들과 같이 씨름을 하고 그야말로 전쟁을 한다. 교사도 학생도 힘들고 피곤하다. 학부모도 벅차고 힘들어 한다.

변화가 와야 한다. 달라지고 조정되어야 한다. 교사도 교사의 역할도 변해야 한다. 학생도 능동적으로 나아가야 한다. 가정이나 사회 그리고 학교가 상당 부분 그 역할을 나누어 가져야 한다. 특히 인성교육이나 상담활동은 가정과 사회가 학교와 유대를 가지고 유기적으로 협조하고 노력해야 한다.

학생지도가 학교의 전유물이 되어서는 안 된다. 우리 애 부모 말도 잘 안 듣고 제멋대로이니 선생님께서 좀 고쳐달라는 얘기를 종종 듣는다. 끈기와 인내심이라고는 찾아볼 수 없다. 책임감도 자기 일을 스스로 챙기는 것도 부족하다. 아끼고 절제하는 것도 어느 것 하나 매끄러운 게 없어 보인다. 먹고 쓰고 무절제하고 나오는 대로 지껄이는 아이들, 행동만 있고 생각이 없어 보인다.

이런 아이들을 학교의 힘으로만은 어렵다. 가정이나 사회가 더 많이 힘써야 한다. 학교 가정 사회가 유기적으로 협조하여 노력할 때 우리 교육도 제자리로 돌아갈 수 있다.

특별히 학부모의 역할이 커 보인다. 서두르지 말고 지혜로운 자세로 임했으면 한다. 자녀 스스로 해결하고 어려움을 헤쳐나가는 자발적 능력을 기르는 쪽으로 그 역할을 바꿨으면 한다. 부모가 억지로 자녀를 만들고 조각하는 식의 교육은 이제 좀 절제해야 한다. 교육이 바른 길로 가고 제자리를 찾을 때 모두의 역할이 가벼워지고 사회가 여유를 갖게 된다. 학생도 학부모도 그리고 선생님도 그 역할이나 책임 교육적 사명이 그 적절한 무게를 가지게 될 것이다. 또 교육적 효과도 배가될 것이며 바른 사회의 길이 당겨질 것이다.

선생님의 무게 천근일까? 만근일까?
한번 달아보고 싶다.

"예, 선생님"

네 인생을 여기서부터 시작하라.

요즈음 아이들에게 여러 가지 잘못된 습관들이 있다.

그 중에 하나가 선생님이나 부모님께서 부르면 "왜요?" 이다.

물론 긍정적인 면에서 무엇을 "도와 드릴까요?" "무엇 잘못한 것이라도 있나요?" 라면 그런대로 이해가 간다. 그러나 대부분은 거부감에서 또 부정적 사고에서 습관적으로 "왜요?" 하는 것이다. 평소 가정이나 학교생활을 하면서 하는 일이 여의치 않고 세상사 많은 일들이 복잡하고 불만스럽다. 메스컴에선 연일 싸우고 다투는 장면과 비리나 부정부패가 난무하는 부정적 기사가 우리 일상생활 속에서 그대로 표출되고 있는 것 같아 씁쓸하다.

왜요? 왜 그래요? 몰라요. 아니요. 싫어요. 등 부정적 언어가 습관적으로 쉽게 튀어나온다.

우선 부정하고 보는 우리 학생들, 비뚤어지고 반항적이며 피해의식에 물들어 있는 것 같은 이들에게 바른 말씨는 기대하기 어려운 것일까?

인생을 보다 아름답고 성숙하게 가꾸기 위해서.

“이쁜녀!” — “예 선생님, 부르셨어요?”

“청소 좀 신경 써!” — “예 선생님 죄송해요.”

“복장이 뭐니 단정히 좀 해야겠어.” — “예 선생님, 고쳐 입겠습니다.”

“수업태도 좀 바로 해!” — “예, 앞으로 주의하겠습니다. 선생님.”

“요즈음 공부 좀 하니?” — “예 선생님, 노력하고 있어요.”

“너 많이 단정하고 예뻐졌구나!” — “감사합니다. 선생님.”

“여기 빵 좀 먹을래?” — “예 선생님, 감사합니다.”

“여기 지저분한데 같이 청소 좀 하자.” — “예 선생님, 제가 하겠습니다.”

이기적으로 변해가는 아이들이 두렵다.

선생님이 부모님께서 무슨 일을 시킬까 봐 미리 돌아가는 아이들, 휴지를 주우라면 발밑에 있는 한 조각을 줍는 시늉으로 끝내버리고 나 몰라라 하는 등 아이들의 감정이 피폐해질 대로 피폐해져 있다.

이것 좀 해라! 하면 앞에서는 열심히 하는 척하다가 돌아서면 이내 시들해버리는 아이들의 습성이 안타깝다.

응 언니, 그래 오빠, 알았어요 고모, 명심할게요 어머니, 알겠어요. 아버지, 잘할게요. 선생님 등등 이런 언어들이 자연스럽고 부드럽게 일상생활 속에서 생활화되었으면 좋겠다.

"반가워요 선생님, 참 보고 싶었어요." — "그래 활기찬 네 모습 보니 정말 이쁘구나."

"너 정말 예뻐졌네?" — "고마워요. 선생님, 건강하고 행복하세요."

"너도 건강하고 더 열심히 살길 바란다." — "미처 깨닫지 못한 점이 많아요. 앞으로 더 열심히 잘 살게요. 감사합니다, 선생님!"

아 — , 이런 아름다운 말들과 함께 즐겁게 살고 싶다.

마중물

시골에 가면 펌프로 퍼내서 쓰는 샘물이 있다. 이 펌프는 처음에 두세 바가지의 물을 부어서 펌프질을 해야 그 물을 따라 샘물이 올라오게 된다. 이때 중간까지 마중 나가서 끌어오는 물을 마중물이라 한다.

우리 교사에게는 해야 할 일과 역할이 많다. 그 중에서도 좋은 교수법으로 실력을 향상시키는 일, 바른 인성지도를 통해서 훌륭한 사람으로 성장하도록 도와주는 일이다.

때문에 교사의 행동이나 말 한 마디가 매우 중요하다. 교육현장에서 바르고 적절한 말씨는 그대로 학생들에게 옮겨진다. 본을 보이고 솔선수범하는 자세가 아이들에게 그대로 전달되고 각인되어진다는 얘기다.

생활 속에서 긍정과 순리를 접하며 사려 깊고 지혜로운 아이로,

때로는 적극적이고 진취적인 아이의 길을 걷는다.

부모가 적극적이고 부지런하며 열심히 사는 집의 자녀는 어느새 그대로 따라 하게 된다. 아직 여리고 다듬어지지 않은 아이들을 실천을 통해서 늘 다듬고 가꾸는 지도가 필요하다.

어떻게 보면 저 깊은 바닥에 고여 있는 물을 마중 나가서 잘 끌어 올리는 일이다. 여기저기 골라서 좋은 물을 올리는 것도 중요하다. 끌어올린 물을 성분에 따라서 거르기도 하고 정화제를 써 수질을 바꾸고 개선시켜 주는 일이 무엇보다 중요하다. 나아가서 원천적으로 자연을 사랑하고 보존하여 여러 가지 오염으로부터 잘 차단하고 지킨다면 좋은 물을 얻게 될 것이다.

잘 지키고 골라서 여러 가지 노력으로 다듬고 가꾼다면 맑고 깨끗한 그리고 모든 만물에 유용한 물을 얻게 될 것이다. 이 물은 세상에 여러 가지로 유익하게 쓰여진다. 우리가 마시는 생명수요 세상을 적시고 자연의 모든 생명체에 윤활유가 된다.

그렇다! 마중물의 역할은 참 중요하다. 그리고 또한 어려운 일이다. 그래서 교사는 바로 이 소중한 마중물의 역할을 충실히 해야 한다. 아이들의 훌륭한 선배요 지도자로서 학교생활의 곳곳에서 막힌 곳을 뚫어주고, 힘들고 어려운 일에 보탬이 되는 마중물이 되어야 하지 않을까?

거꾸로 세상

소질이 뛰어난 사람은 죽도록 뛰는데
재능도 없는 사람이 세월 가는 줄 모른다.
걱정할 필요가 없는 사람은 걱정이 많고
많은 염려가 되는 사람은 태연하다.
앞장서야 할 사람은 나서지 않고
거칠고 미숙한 사람이 설친다.
봉사, 기부하기 쉽지 않은 사람은
잘도 하는데
여유 있고 넉넉한 사람은
모른 채 외면한다.
건강한 사람은 열심히 운동하는데
약한 사람은 정작 몸만 아낀다.

가진 사람들은 아끼고 절약하는데
없는 사람들이 허세를 부린다.

정의롭게 성실하게
사는 사람들 어디 가고
요령꾼…… 꾼들만 요란하다.
유유히 흐르는 물이 역류하고
바른 역사의 길이 뒤틀린다.

사랑이 머무는 곳

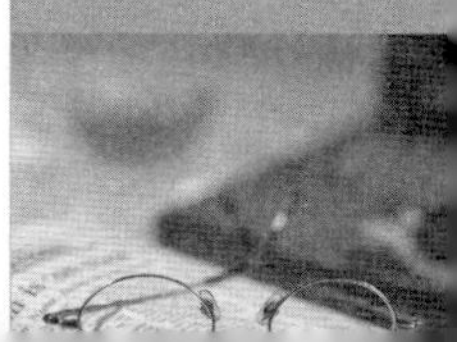

자연의 분노

자연을 본래 모습으로 돌려주라고 한다. 역사를 거스르거나 자연의 순리에 반하면 결과는 재앙으로 돌아온다는 이야기이기도 하다. 역사의 흐름을 거역하거나 거꾸로 돌리려다 엄청난 사건이나 재난을 가져온 경우가 헤아릴 수 없이 많았음을 잘 알고 있다. 지난해 중국의 대지진과 홍수 태풍으로 큰 재난을 겪은 것을 생생하게 기억하고 있다. 강과 산이 뒤틀리고 막혀서 수십 개의 인공호수를 만들고 수만 수천만 명에 재난을 가져온 원인도 그 거대한 중국이 자랑하는 산샤댐 때문이라는 이야기가 설득력을 얻고 있다.

이 시간에도 자연을 파괴하고 순리에 역행하는 일들이 곳곳에서 수없이 자행되고 있다. 의학의 발달로 각종 전염병이나 질병이 많이 개선되고 사라졌다. 하지만, 새로운 유행병이나 난치병들이 생겨나고 있다. 현대의학으로만 해결하기 힘든 병들이 등장하고 있는 것이다. 한쪽에서는 인간의 공적이라는 각종 암을 다스리고 정복해 가고 있다. 그렇지만 다른 쪽에서는 이상한 괴질들이 생겨나고 있다. 변종 바이러스나 동물 구제역 또는 조류 독감으로 난리를 치더니 금년에는 신종플루 바이러스가 세상을 떠들썩하게 하고 있다. 이게 끝나면 또 어떤 별종 바이러스가 나타날지 알 수 없다.

자연은 항상 본래 모습으로 돌아가고자 한다. 그러나 인간은 개발과 건설이라는 미명 아래 지구촌을 수없이 파괴하고 훼손하고 변형시켜 왔다. 문명의 이기와 인간의 편리성의 부산물들이 쌓여 쓰레기로 온 나라가 몸살을 앓고 있다. 화석 연료의 배출가스가 대자연과 세상을 병들게 하고 있다.

이러한 일들이 더해져서 지구촌 온난화를 가져온다. 주변의 많은 생태계 변화가 일고 있다.

병들어가는 토양에 의한 농산물이 인간을 침몰시킬 수 있다. 각종 공장 폐수, 쓰레기와 생활하수, 오염수가 지하수까지 변질시켜 마시고 먹을 물조차 위협하고 있다. 더 이상 방치해서는 안 되는 이유이기도 하다. 더 이상 파헤치고 파괴하고 환경을 거슬러 역류하는 일을 자제해야 한다. 콘크리트나 벽돌 옹벽의 강산으로 만드는 일을 줄여나가야 한다.

자연에 거스르는 보나 댐도 연구 또 연구해서 환경 친화적으로 만들고 바꾸어 나가야 한다.

그동안 우리는 자연의 혜택을 많이 받아왔다. 그 자연 속에서 대대손손 은혜를 받으며 살아온 것이다. 그런데 이제 그 자연이 힘들어하고 있다. 곳곳에서 반기를 들고 반란의 역사를 써가며 분노하고 있다.

이제 우리가 답장해야 할 차례다. 아니 행동으로 확실히 보여주어야 할 때다. 자연으로 돌아가는 것이다. 자연을 가능한 자연모습 그대로 돌려주려는 노력이 필요한 때다. 필요하면 국민적 중지를 모으고 전문가의 많은 검토와 더 좋은 대안을 찾아내야 한다. 천천히 그리고 물 흐르듯이 추진해 나가는 것이 지구를 살리고 우리도 잘 사는 길이 될 것이다.

아름다운 치과
— 돌아온 금붙이

미인은 아름다운 이가 돋보이게 한다. 가지런한 이에 번쩍이는 하얀 이로 미소를 짓는 여인은 그렇게 아름다워 보일 수가 없다. 그래서 건강한 이는 오복 중에 하나라고 하지 않던가? 소중히 아끼고 다루어야 하는 이유이기도 하다.

며칠 전 식사 중에 돌멩이를 하나 씹었다. 좀처럼 없던 일이다. 요즈음에도 쌀에 돌이 있나 싶어 손바닥에 뱉고 보니 번쩍이는 금덩이였다. 금붙이임에 틀림없는데. 이상해서 혀를 굴러보니 아래 가운데 어금니가 허전함을 느낄 수 있었다.

그러니까 지금부터 40년도 넘는 이야기이다. 대학 다닐 때 어금니 하나가 약간 파여서 때운 적이 있다. 그 후 언제쯤인지 잘 기억이 나지 않는다. 그게 좀 느슨하고 이상해서 다시 때운 것으로 기억된다.

그러고 나서 며칠 전 이 금붙이가 밥상에 나타난 것이다. 수십여 성상을 내 분신으로 임무를 잘 수행하여 견디어 온 것이다. 그렇게 고마울 수 없다. 어느 치과인지 기억되지 않지만 고마움을 전하고 싶다.

작년에는 미국에 살던 여식이 아이와 함께 귀국해서 몇 달을 같이 지내게 되었다. 그러고 나서 귀국을 얼마 남기지 않은 어느 날이었다. 식사 중에 딸애의 이 일부분이 떨어져나가 가까운 치과에 갔다. 친절하신 치과의사는 망설이더니 정성껏 덧씌워서 보철치료를 해주었다. 그리고는 곧 출국했다. 사실은 미국에 가면 치과진료비가 엄청 비싸기 때문에 서둘렀던 것이다. 며칠 지나지 않아 국제전화가 왔다. "아빠, 그 치과에 가서 한 번 얘기나 해 봐요. 저 여기서 이가 불편하고 아파서 치과치료를 받는데 한 번 치료에 20만 원씩 들어요. 몇 번 치료해야 할지. 한국에서 보철한 것보다 더 들어 가겠어요." 하는 것이었다.

며칠 망설이다가 이런 일도 교훈이다 싶어 지나는 길에 한 번 그 치과에 들리게 되었다. 자초지종 이야기를 듣더니 그 선량한 치과의사의 이야기가 사실은 그때 시간이 촉박해서 망설였다는 것이다. "결국 일이 그렇게 되었군요. 여기서는 거의 무료로 서비스 치료를 해줍니다."하는 것이었다. "미국은 치과뿐만 아니라 모든 병원비가 엄청 비싸다는 것 저도 압니다." 언뜻 후회스러운 이야기일거라는 생각이 들었다. 나는 "그런 줄 아시고 참고하시라고 왔습니다."하고 뒤돌아 나오려니 "선생님 잠깐만 기다리세요."하고 부른다. "간호사, 서랍에서 돈 좀 가져와."하고 사십여만 원을 흔쾌히 내주는 것이 아닌가. 나는 "이거 받아도 될까요?"하고 망설였더니

"괜찮습니다. 그럴 수도 있지요."하는 것이었다.

돌아오는 길에 주머니를 만지며 정말 이런 일도 있구나. 아직도 세상은 좋은 분들이 많아 살맛 나는 세상 아닌가. 아! 치과는 이가 아프고 머리 아픈 곳만은 아니구나. 가지런하게 하얀 이로 미소짓는 아름다운 치과도 많구나.

사랑니의 추억

이십 년은 됐을까? 오래되어서 기억이 가물거린다. 사랑니 사이에 음식물이 가끔씩 끼기 시작했다. 이쑤시개로 때로는 핀 같은 것으로 처리하기도 했다. 시간이 지나며 자주 아프고 붓기도 하더니 한쪽 끝이 썩어 아프기도 했다.

급기야 평소 잘 알 만한 치과에 갔다. 노치과 의사는 자세히 보더니 크게 자리를 잡아 좀 복잡하지만 빼버리자고 했다. 마취주사를 놓고 공사가 시작되었다. 그런데 그렇게 간단하지가 않았다. 잇몸을 찢고 펀치나 집게를 들고 땀을 뻘뻘 흘리며 씨름을 했다. 겁도 나고 얼마나 아픈지 죽을 지경이다. 그리고는 얼마 후에 나한테 정색을 하며 “박 선생님, 옆에 이를 하나 뽑아야겠어요.” 그 사랑니 옆 어금니를 뽑아야 한다는 것이다. 입안을 온통 들쑤셔 놓아 머리까지 지근거리고 통증이 왔다.

이제는 빨리 어떻게든 해야지 그대로는 견딜 수가 없었다. 억울한 생각이 앞섰지만 그렇게라도 해서 빨리 끝내라고 했다. 사랑니와 큰 어금니를 빼버리니 한쪽이 텅 빈 것 같았다. 온통 한쪽이 허전해서 머리가 기울어진 느낌이다.

한때는 괘씸하고 억울한 생각을 지울 수 없었다. 세월이 흐르다 보니 이제는 아름다운 추억으로 남게 되었다.

그 후 다른 쪽 사랑니의 이야기는 꺼내지도 못하게 하고 잘 아끼며 생활해 왔다. 몇 년이 지났을까 스케링이든가 이를 치료차 가까운 치과에 들렀다. 젊은 의사는 사랑니도 빼버리자고 했다. 나는 고개를 저었다. 옛날 일이 생각 나서다. 내가 그 옛날 이야기를 했더니 그 젊은 치과의사는 웃었다. 걱정 마세요. 제가 간단히 해드릴게요. 다짐을 단단히 받고 허락했다. 그런데 웬걸 그는 사진을 찍더니 딱 소리 한두 번에 언제 빼는지도 모르게 감쪽같이 처리해버린다. 두세 조각으로 쪼개서 간단히 처리한 것이다. 얼마나 고마운 마음이 들던지 사랑은 진통을 겪고 나야 더 아름다운 사랑을 할 수 있단 말인가.

빨대

KTX의 출현으로 나라 안팎이 더욱 가까워졌다. 인터넷의 발달로 지구촌이 한 이웃이 된 지 오래다. 먼 중남미에서 홍수가 나고 가뭄이 들면 우리의 식탁에 바로 그 영향을 준다. 빠른 교통망과 통신수단으로 우리의 생활은 하루가 다르게 변해왔다. 산업화 도시화가 가속화되면서 대도시의 과밀화는 더욱 심화되어가고 있다.

대한민국은 서울공화국이다. 모든 길은 서울로 향해 있다. 정치 경제 사회 문화가 여기에 집중되어 있다. 더불어 서울 주변에는 21개의 전주시만 한 크고 작은 도시들이 널려 있다. 전 인구의 과반이 넘는 많은 사람들이 수도권을 형성하여 살아가고 있는 것이다.

70년대 박정희 대통령 때 서울과밀화 해소 방안으로 지금의 세종시 부근에 행정수도 이전을 계획했었다. 지금 생각해보면 미래를 내다보는 높은 식견과 혜안을 생각하게 한다. 계획으로 끝나고 말았지만 결과적으로 30여 년이 지난 오늘날 거대한 맘모스 수도권 서울공화국이 탄생한 것이다. 그동안 정부가 조금씩만 정책에 반영했어도 오늘날과 같이 21개의 위성도시가 서울 주변에 자리잡지는 않았을 것이다.

수도권 집중은 지방이 공동화되어가면서 국가적으로 많은 문제점을 안고 있음을 부인할 수 없다. 교통 주택 교육 환경문제에 이르기까지 필요 이상의 사회적 갈등과 혼잡으로 많은 비용을 감내해야만 한다.

교육이나 직장 따라서 대도시로 수도권으로 나가면서 상권이나 경제력이 그쪽으로 빨려나간다. KTX의 개통으로 전 국토가 한두 시간 거리로 단축되면서 그렇지 않아도 어려운 지방 중소도시는 타격을 입게 될 것이다. 서울에서도 강남이 경제력을 상당 부분 좌우하듯이 지방의 모든 도시도 서울(수도권)에 경제 교육 문화 등 모든 분야에서 편중 현상이 심화될 것이다.

오늘날 최첨단 인터넷, 교통망, 통신망의 발달은 속된 이야기로 빨대 역할을 가속화시키는 데 충분히 기여하고 있다. 어려운 지방경제에 남은 작은 희망마저, 우수한 인재들마저 빨아올린다면 지나친 표현일까. 자본주의 사회에서 어쩔 수 없는 일일지 모른다. '양극화의 가속' 이 말은 민주주의가 낳은 단점 중의 하나라고 한다. 그 단점을 보완하고자 각 나라에서 사회주의 정책이 일부 도입되고 있는 것이다. 국가가 적극적으로 개입하지 않고는 국토의 균형발전 빈부 환경문제 등 난제를 해결하기가 쉽지 않기 때문이다.

빨대! 우리가 한 번쯤 짚고 넘어가야 할 말인 것 같다. 물 맑고 공기 좋고 경치가 수려해 살기 좋다는 말은 다 옛이야기다. 삶의 터전에 활력이 사라지고 자꾸만 텅 비어가는 지방에서 어떻게 삶의 의미를 찾고 희망을 기대할 수 있겠는가. 꿈이 없고 미래를 기약할 수 없다면 얼마나 삭막하겠는가. 지방과 농촌이 서울이나 대도시와 서로 상생할 수 있는 길은 없단 말인가.

우리말에 얼어 죽고 데어 죽는다는 말이 있다. 한쪽은 넘치고 썩어서 버리는데 다른 쪽은 모자라서 어렵고 고통을 당한다. 날마다 길이 막히고 사람이 넘쳐 몇 시간씩 차와 씨름하고 기다리는데 다른 쪽은 사람이 없어 텅 빈 대합실, 잡초 우거진 학교 운동장이 가는 곳마다 이어진다. 매연에 소음으로 고통당하는 대도시에 비하면 중소 도시나 농촌은 너무 산뜻하고 조용해서 늘 산사에 온 듯하다.

수도권 과밀화의 해소, 여기에 서로 상생의 길이 문제의 해답이 있는 것 같다. 세종시 혁신도시 과학벨트가 그 좋은 예가 될 것이다. 과밀화 해소는 모든 국가적 난제를 일거에 해결할 수 있는 처방이다.

발상의 전환이 필요한 때다. 어떻게 살 것인가. 크고 전망 좋은 아파트에서 삶의 의미를 찾아야 하는 우리 시대는 분명 아닌 것 같다. 그동안 복잡하고 시끄럽고 버거운 대도시에서 좋은 일 어려운 일 겪으며 열심히 살아왔다. 이제 시민들의 의식도 많이 변하고 있다. 한 번쯤 고향의 전원생활을 꿈꾸어 보지 않은 사람은 없을 것이다. 다만 용기가 부족할 뿐이다. 물론 정부의 과감한 정책이 필요한 것은 당연하다. 그들이 쉽게 고향을 찾을 수 있도록 말이다. 그들이 지방으로 다시 돌아오는 날 시골은 넘쳐서 쉬고 있는 땅이나 묵은 논밭도 생명력을 찾게 될 것이다. 텅 빈 운동장이나 놀이터에도 생기가 넘쳐날 것이다.

외식

외식이란 혼자 하는 식사도 외국에 가서 하는 식사도 아니다. 가족이나 연인끼리 또는 마음에 맞는 친구끼리 운치 있고 분위기 좋은 곳에서 하는 식사일 것이다. 사회가 변하고 생활에 많은 여유를 가지면서 외식의 문화도 변하여 기회도 많이 늘어나고 있다. 우리 주변에는 유난히 모임도 많고 각종 행사도 다양해지고 있다. 그 주요 내용 중의 하나가 먹고 마시고 즐기는 일일 것이다. 마시고 춤추고 노래하는 민족 중에 두 번째 가라면 서운해 할 것이다. 거기다가 무슨 모임이 그리도 많은지 오늘은 이 모임 내일은 계모임 다음날은 무슨 행사에서 한잔, 직장에서 모임 행사 회식도 많다. 이래저래 외식은 늘어나고 먹을거리 산업은 크게 성장해 왔다. 자연히 가정의 식탁은 차츰 크게 축소되어가고 있다. 썰렁한 분위기가 그 자리를 넓혀가고 있다. 아내와 엄마의 따뜻한 마음이 담긴 음식 하나하나에 달려 있다. 사랑이 담긴 손끝에서 맛이 나온다고 하지 않는가. 우리의 식탁은 소중하다. 고유 생활습관이나 가족의 전통이 만들어진다. 그 집안의 정서가 이어지고 가풍이 형성되는 것이다. 외식이 늘어나면서 우리의 소중한 것들을 잃어간다면 여간 큰 손실이 아닐 수 없다.

얼마 전에 모임에서 아내가 외식 투정을 한 일이 있다. 외식을 자주하는 편이 아니기에 미안한 생각이 들었다. 특별한 날이 아니라도 좋은 의미를 붙여서 운치 있고 맛있는 식사를 하는 것은 즐거운 일이다. 우리 생활에서 먹는 즐거움보다 더 즐거운 일은 생각보다 많지 않아 보인다. 야외에서 가족과 오붓이 즐거움을 나눔은 살맛나는 일이다. 또 그저 좋은 친구들과 산수 좋은 곳을 찾는 일도 얼마나 기쁜 일인가.

가끔씩 야외에서 좋은 먹을거리를 준비해서 협력해가며 취사를 하는 즐거움도 크다. 서로의 의견에 따라 준비하고 다듬고 씻어주고 도와주는 게 여간 재미있는 게 아니다. 지지고 볶고 구워가면서 맛을 이야기하고 정을 쌓으며 먹고 마시는 게 얼마나 유쾌한 일인가. 아무튼 외식은 우리 생활에 큰 활력소가 되고 있다. 아내가 바라는 외식은 분위기 있는 데서 둘만의 데이트일 수도 있고 가족 모두 가까운 바다라도 건너 여유로운 시간을 갖자는 얘기일 수도 있다. 외식! 듣기만 해도 입맛이 돋는 말이다. 어디든지 나가 보자. 먹고 마시고 정담을 나누어 보자.

그냥 좋은 친구

어느 따뜻한 봄날이었다. 강의가 끝나고 운동할까 덕진 호반에라도 갈까 서성이었다. 그러던 중 창가에서 우연히 한 친구를 만났다. 얘기를 하다 보니 수의과에서 전과해 왔단다. 말인즉슨 개구리 한 마리 해부하거나 다루기가 여간 어렵고 고역스러운 게 아니었단다. 자기가 갈 길이 아니었단다. 마침내 결단을 내렸고 용케도 우리 농학과로 전과해 온 것이다.

그 후 친구와 나는 급속히 가까워지게 되었다. 그냥 마음이 편해서 좋았다. 가끔씩 그의 집에 가서 놀고 쏘다니기도 했다. 이 친구 부모님과 함께 겸상해서 식사한 적도 많다. 거북스럽기도 했지만 그때마다 마음 편하게 해준 기억들이 지금도 선하게 떠오른다. 노송동 어느 골목 지금은 많이 달라졌겠지 싶다.

사실은 나의 대학생활은 순탄한 게 아니었다. 나의 무지에다가 매끄럽지 못한 진학지도 등으로 학과 선택에 문제가 있었다. 색약인 내가 문과계열에 지원했어야 했는데 잘못된 지원이 되고 말았다. 가까스로 합격은 했지만 나중에 전과하는 길도 있다고 해서 등록하게 되었다. 하지만 전과하는 일이 쉽지 않았다. 혼자 속으로만 끙끙거리며 내가 갈 길이 아닌가 싶어 편하지 않았다. 늘 마음 한구석에 응어리져 있었다. 잘못된 선택은 이 대학 저 대학 기웃거리다가 졸업에 이르게 되었으니 두고두고 마음의 빚으로 남았다. 그러던 참에 해균이 친구가 전과해 왔다는 말에 관심이 갔다. 나처럼 마음고생이 많았다 싶어서 더 마음이 가고 가까워졌으리라.

나중에 가끔씩 멀리 떨어져 있었지만 마음만은 가까운 데 있었다. 군에 가 있을 때도 친구는 잊지 않고 찾아와 같이 즐거운 한때를 보내곤 했다. 아무 때나 쉽게 연락이 되어서 끈끈한 연을 맺어왔다. 언제나 마음 편하게 배려가 무엇인가를 일깨워주는 사람, 평범하기를 원하는 보통사람이면서도 보통사람을 벗는 수수한 인간미를 나는 아끼고 좋아한다. 친구와 같이 하는 일은 자연스럽게 잘 풀려나간다. 항상 만족스럽게 끝나곤 한다. 서로 관심과 배려에서 나오는 지극히 당연한 결과일 것이다. 언젠가 여행 가서 좁은 방에 여덟 다리를 나란히 하고 지냈던 추억이 지금 내 머리를 스쳐간다. 고희를 앞둔 친구여! 마음을 비우고 세상사 그러려니 열심히 살자던 친구여 당신은 진정한 나의 동반자입니다.

버림의 미학

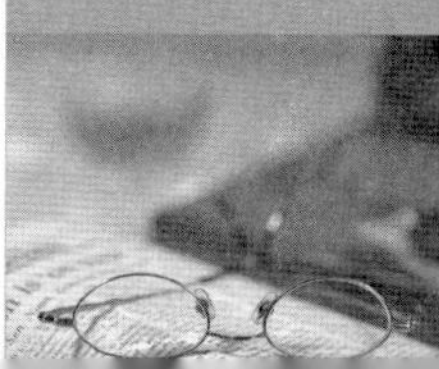

아름다운 쓰레기통

인간은 본래 소유욕이 많다. 넘치고 썩어나가도 그들의 욕심은 멈추지 않는다. 그래서 부족한 것을 채우려는 인간의 노력은 가상하기도 하고 아름답기까지 하다고 해야 할 것이다. 어느 누구인들 가지고 싶은 욕망이 없겠는가? 길가에 보기 좋은 나무 한 그루, 꽃 한 송이, 모양새 좋은 돌멩이 하나도 가지고 싶고, 가까이 두고 싶은 것이 인지상정이 아닌가. 좋은 집도 폼새나는 자동차도 굴리고 싶다. 훌훌 털어버리고 두루 여행도 다니고 싶다. 우정이 부럽고 사랑이 탐난다. 지순하고 의미 있는 삶이 소망스럽기도 하다. 이 모든 것이 우리를 살찌우고 삶을 풍요롭게 하기 때문이다. 그러나 사람들은 그 끈질긴 과욕의 끈을 놓지 못하고 어려움을 겪으며 폐가망신 하는 경우도 많다.

우리는 비우고 버리는 일에 익숙하지 못한 것 같다. 채우는 일에 목숨을 걸고 매달리지만 비우는 일에는 무관심하고 인색하다. 버리고 비우는 일은 소극적인 삶이 아니라 적극적인 인생이며 지혜로운 선택임을 알아야 한다. 황금을 쥐기 위해서는 손에 있는 구리를 버려야 하는 것이다.

여기저기에 쓰레기통이 많이 있다. 잡다한 쓰레기만 버릴 것이 아니다. 속상한 것, 나쁜 것, 잘못된 것도 과감히 버려야 한다. 과한 욕심이나 생각도 버릴 줄 알아야 한다. 그래야 새로운 것, 아름다운 것, 진취적인 것들을 채울 수가 있다. 욕된 어제를 버리지 않으면 참된 내일을 건설할 수 없다. 버릴수록 가벼워지고 평화가 온다. 버림의 미학이 필요한 때다. 아름다운 쓰레기통이 필요한 때다.

일수 벌금제(Daily Fines System)

핀란드, 스웨덴 등 유럽의 몇몇 국가에서 시행되고 있는 제도이다. 법규를 위반한 사람의 경제적인 벌금 납부 능력을 고려하여 금액을 정해 실질적 평등을 유지하려는 제도이다. 무릎을 탁 칠만큼 매력 있는 제도라 생각된다.

하루 하루 일해서 생활하는 사람에게는 속도위반 범칙금 6만 원은 부담이 되고 큰 돈일 수 있다. 하지만 수십억, 수백억 재산가에게는 아이들 과자값에 비교할 만큼 작은 액수에 불과하다. 지난번 주변에서 어떤 이가 음주운전으로 면허취소와 함께 벌금 200만 원을 물게 되었다. 월급이 200만 원이 안 되는 그에게는 자동차도 운행할 수 없는 데다 직장도 잃고 큰 고통이 아닐 수 없었다. 그러나 수십억, 수백억을 가진 자들에게는 이 벌금이나 면허취소가 무슨 큰 의미나 고통이 되겠는가.

조금 낯선 이야기가 여기에 있다. 세계 제일의 휴대폰 회사로 유명한 핀란드 재벌 노키아 회사 부사장이 1999년 자신의 오토바이를 과속으로 몰다 위반하여 과속 교통 범칙금 1억 3천만 원을 물게 되었다는 실화가 있다.

우리의 현실은 어떤가? 생계형 운전자나 영업자가 가끔씩 세금이나 범칙금으로 생활고에 시달리는 기사를 보곤 한다. 반면에 한 달에 수억씩 버는 의사, 변호사들 세금이 50만 원 미만인 경우가 대부분이라는 보도도 접하게 된다. 아파트 투기로 수십억씩 벌고도 몇 백만 원의 세금이 부과되자 도로에 플래카드를 걸고 야단들이다. 삼성 재벌 2세에게 엄청난 불법 재산 상속을 지켜보면서도 적당히 넘어갈 수 있는 나라가 우리나라다. 강남에서는 지방자치단체가 나서서 세금을 깎아주고 있다. 누구를 위한 정책이고 누구를 위한 자치단체인지 이해할 수가 없다.

日收 벌금 제도 — 하루 수입에 따라 10일 분 아니면 20일 분 식으로 벌금을 정하는 제도이다. 그렇게 함으로써 평등하게 고통을 느끼게 해서 법질서를 바로잡고, 평등하고 합리적인 사회로 만들자는 것이다. 그래야 법이 바로 서고 조세정책이 바로 되어서 국가의 기강도 바로 설 것이라는 이야기일 것이다. 우리도 언제쯤 이러한 합리적이고 공평한 제도가 도입될지 기다려 볼 일이다.

상식의 한계

즐겁고 아름다운 세상이다. 새들이 지저귀고 물소리 흥겹다. 거리엔 생동감이 넘치고 녹음방초 꽃 내음이 진동한다. 바다에 가면 넉넉함에 여유가 있어 보이고 산에 가면 탁 트인 시야에 대자연과 호연지기를 논할 수 있어서 좋다. 산자락을 타고 내려오는 바람이 포근하고 부드러우며 우리를 달래고 어루만져주는 청량제와 같다. 그들을 벗삼아 친구들과 한잔 걸치기라도 하면 자연은 더욱 더 아름다워 보인다.

그곳에는 재미있고 즐거운 이야기가 있다. 그러나 때로는 시시콜콜한 이야기 속에 논쟁이 벌어지기도 한다. 부정, 부패, 각종 비리를 비판하게 되고 더럽고 아니꼬운 일들이 도마 위에 오르기도 한다.

언젠가 모회사에서 근무하는 분과 논쟁이 이어졌다. 사회가 많이 비뚤어져 있어서 바르고 정직하게 성실히 사는 사람들이 20~30%

정도라고 생각한다는 이야기였다. 나머지 70~80%는 그렇고 그런 사람들이란다. 상당히 충격적이고 비관적인 이야기였다. 그의 말이 끝나자 내가 50~60% 이상의 착하고 선량한 분들이 세상을 바르게 살며 이끌어가고 있고 그들의 정직하고 성실한 삶이 사회를 정화시키고 있으며, 그 결과 이만큼 발전하고 좋은 나라, 즉 잘 사는 나라가 되었지 않았느냐고 다른 분위기의 말을 이어갔다. 그러나 그는 나의 주장에 막무가내였다.

그의 말대로 이 사회는 어지럽고 혼탁하다. 돈이라면 물불을 가리지 않는다. 각종 비리 야합을 서슴지 않는 사회로 변해가고 있다. 명예와 출세라면 온갖 불법이 판을 친다고 개탄한다. 앞에서는 열심히 하며 그럴듯해 보인다. 그러나 그 이면에서는 비겁한 술수, 야합, 불법이 난무하고 있다. 앞에서는 당당하고 떳떳한 듯 보이면서 뒷전에서 쥐새끼처럼 세상을 혼탁하게 만든다. 그래서 정직하고 선량한 사람들의 사기를 꺾고 비참하게 만든다. 이같이 이어지는 그의 이야기는 끝이 없었다.

언제쯤이나 착하고 선량한 사람들이 당당하게 가슴을 펴고 떳떳하게 사는 사회가 올 것인가. 또 바르게 열심히 노력하며 성실하게 사는 분들이 보람 있고 즐거운 날은 언제일까. 소시민의 평범한 상식이 통하는 아름다운 사회는 어디 와 있는가?

엿장수 마음대로

우리 사회에는 법이 있고 보통사람들이 살아가는 규범 규칙들이 있다. 이웃 간에 인간적으로 서로 도와가며 끈끈하게 살아가는 도리가 있고 윤리와 도덕이 있다. 살다 보면 다투고 싸우고 때로는 사태가 악화되어 법에 호소하기도 한다. 그래서 법이 필요하다. 그리고 필요한 중재자 역할도 한다. 강자를 견제하고 약자를 보호하는 것이다.

좀 자세히 들여다보면 약자를 위해서 법이 필요하고 그를 위해서 만들어진 것 같지만 실제는 거리가 먼 것 같아 씁쓸하기도 하다.

민주사회 모든 구성원들에게 공평하게 적용되고 그 혜택을 고루입도록 집행되어야 한다. 약자에게 유리하고 도움이 되어야 할 법이 약자를 보호한다는 미명 아래 강자를 위한 법이 되어버린다면 세상은 살기 힘들어지고 더욱 어려워질 것이다. 보호받아야 할 그

법 때문에 더 어렵고 힘들고 상처받는 일들이 있어서야 되겠는가. 약자를 업신여기고 강자를 강하게 하고 잘못을 정당화시키기까지 해서야 되겠는가.

더 심각한 문제가 있다. 일반사회의 규범이나 상식 도덕적 해이가 바로 그것이다. 비리, 모순, 부도덕, 협잡, 갱판 등 이 모든 것들이 우리를 어지럽게 한다. 어떻게 살아야 하는 것인지 구분하기 힘들 때도 많다. 상식을 벗어난 사회, 여기에는 아무런 룰도 규칙도 없어 보인다. 그간의 업적이나 공과 상식도 통하지 않는 것 같다. 그곳에 있다면 엿장수 가위치기가 있을 뿐이다. 가위를 두 번 치고 싶으면 두 번이다. 세 번 치고 싶으면 세 번 치면 된다. 엿장수 맘대로 치기 싫으면 그만두면 된다.

선진국으로 가는 길목에서 '엿장수 맘대로' 사회 문제는 시급히 해결해 나가야 할 중요한 과제인 것 같다. 상식은 고무줄처럼 늘어져 버리고 법은 강자들 논리에 남용되어 온 지 오래다. 그렇다고 마냥 실망만 하고 있을 수도 없는 일이다.

요즈음 엿장수들은 메뉴도 다양하고 풍부하다. 풍물시장에 제일 인기 좋은 곳이기도 하다. 다양한 소재와 프로그램으로 사람들을 모은다. 엿가위 장단뿐 아니라 북, 장구, 노래, 춤, 만담 등으로 대중을 사로잡는다.

이제 우리 사회도 제발 엿장수 맘대로 식의 그런 문화는 빨리 정리하고 종식되어야 할 것 같다.

성실하게 열심히 사는 사람들이 인정받고 보람을 느끼며 잘 살 수 있는 사회, 상식이 널리 통용되고 물 흐르듯 매끄러운 사회는 어디쯤일까.

기본이 바로 서야

우리에겐 예로부터 손님 오면 마당 쓴다는 이야기가 있다. 마당뿐만 아니라 집 안팎을 말끔히 정리하고 구석구석 준비하는 마음이 남달랐다. 그래서인지 월드컵을 맞아 우리들 나름대로 시가지도 가꾸고, 교통질서 지키기, 쓰레기 잘 챙기기, 차례 지키기 등 한동안 잘해왔다. 공중도덕이나 질서의식이 선진국 대열에 끼게 되었다고 자랑하기도 했다.

그런데 요즈음은 그게 아닌 것 같아 씁쓰름하기만 하다. 무단횡단, 음주운전, 무단 쓰레기 투기, 새치기 등 우리 사회의 기초질서가 무너져 옛날로 돌아간 것만 같다. 일시적인 사회운동이나 몇 차례의 캠페인으로 우리네 고질적인 습관이 쉽사리 고쳐질까 의문이다.

기초질서 확립부터

우리 사회 구석구석에 잘못된 관행이나 그릇된 습관들이 우리의 발목을 잡고 있다.

남의 잘못이나 부정에는 비판적이면서도 자기나 자기 인척들의 잘못에는 관대하다. 열차 안에서 아이들이 소란스럽게 떠들고 뛰어도 그들 부모가 사려 깊게 나무라는 경우가 많지 않다. 자기 자식을 기죽인다고 생각하는 부모가 더 많기 때문이다.

교육에 관심이 많은 부모님들, 성적에만 매달리지 예절지도나 기초질서쯤 아랑곳하지 않는다. 어떻게 해서라도 대학만 가면 되지 공부하는 과정이나 생활습관쯤은 대수롭게 여기지 않는다.

남자가 그럴 수도 있지

주변에서 공부 잘하는 아이들에게 너무 관대하다. 잘못한 일이 있어도, 버릇없이 굴어도 덮어주거나 이해하려 든다. 또 자식을 적게 두다 보니까 청소도 대신 해주고 심부름도 시키지 않을 정도로 아이들을 너무 과보호한다. 그러다 보니 많은 마마보이나 공주가 탄생하게 된다. 특히 남자아이에게는 '남자가 그럴 수도 있지.'하고 우월 의식을 은연 중에 심어준다.

사내 대장부는 웬만한 잘못쯤은 저질러도 된다는 그릇된 의식이 남아 있다.

유치원, 초등학교에서 기초질서를 잘 지키고 매사에 모범생이던 아이가 중 · 고등학교에서 쉽게 무너지고 질서의식이 약해진다. 인사도 잘하고 학교생활에 충실하던 아이가 고등학교에 가면 인사도 건성이고 기초질서쯤 무슨 대수냐고 넘겨버린다. 대학에 가면 아예 법을 경시하는 풍조가 늘어나는 것 같다. 이런 정신으로 사회에 나가면 원칙보다는 적당주의나 요령에 더 익숙해진다. 원칙만을 앞세우다가는 피곤하고 손해만 본다. 적당히 타협하며 사는 것이 좋다는 편의주의에 빠지기 쉽다. 그것이 나아가서 각종 부정부패, 사기, 폭력 등 사회악을 양산하는 뿌리가 된다면 과장된 비약일까.

더불어 사는 지혜를

혼자 사는 세상이 아니다. 혼자 성실하게 잘 살려고 해도 주위 환경이 허락하지 않는다. 조용히 살려고 해도 주위의 시끄러운 환경이 놔주지 않는다. 혼자 공중도덕이며 교통질서를 잘 지킨다 해도 갑자기 오토바이나 자동차가 달려든다면 속수무책으로 당할 수 밖에 없다.

우리 모두 서로를 아끼고 사랑하는 마음이 없이는 밝은 사회로 가는 길이 어둡다. 우리의 이웃, 친구, 주위의 모든 사람들과 공동운명체다. 그들과 떨어져서 생각할 수 없다. 혼자만 잘 살아보겠다고 극성이다가 절망의 나락에 빠진 경우는 너무나 많다. 우리 모두 더불어 사는 지혜를 모아야 할 때다.

어른들이 앞장서야

자기 자식만을 챙기고 과보호하는 부모님들, 출세지상주의만을 앞장세우는 어른들, '남자가 그럴 수도 있지?' 하는 가운데 우리 청소년은 질식하고 병들어 가고 있다.

이제 고쳐야 한다. 기초질서가 엉망이면 그 사회나 국가는 희망이 없다. 지금 경제가 어렵고 사회가 혼란스럽다. 이 난국은 질서를 바로잡지 못하기 때문이라고 해도 과언은 아니다. 원칙과 기본을 지키지 않다 보니 부실은 쌓이고 부정 부패는 끝이 없다. 사회가 좀 나아진다고 해도 기초와 기본을 무시한다면 이는 사상누각에 불과하다.

우리 어른들은 아이들의 거울이다. 그릇된 생각이나 습관이 있다면 새로운 의식으로 가다듬고 본을 보여서 기초를 세우고 기본을 다지는 데 우리 모두 앞장서 나아가야 할 것이다.

물의 나라

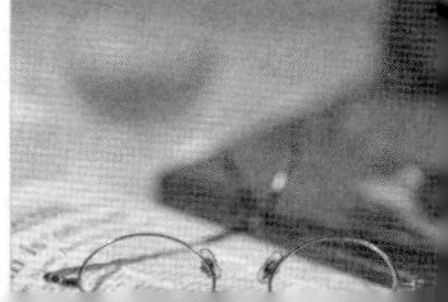

단풍수丹楓水를 지키자

정읍은 예로부터 물이 좋기로 이름이 나 있다. 그래서 이름도 우물 井자로 井邑이 아니던가. 물이 많기도 하지만 노령산맥을 따라서 칠보산 내장산이 그 뿌리가 되어 칠보산 자락에서, 내장산의 서래봉 신선봉 끝에서 시작한 물줄기가 시원스레 흘러 온 고을을 적시고 나무나 농작물을 살찌게 한다. 이것은 큰 축복이요 자랑이 아닐 수 없다.

≪동의보감≫에 의하면 물에는 33가지의 종류가 있다 한다. 인간에게 가장 좋은 물이라고 하는 '정화수'로 시작해서 한천수, 국화수, 엽설수, 춘우수, 추로수 등등 그 의미를 다 헤아릴 수 없을 만큼 많다. 내장산에는 붉고 푸른 각양 각색의 단풍나무가 수없이 널려 있다. 눈보라를 견디고 비바람을 맞으며 이루어진 이 단풍 숲으로

부터 오색으로 물들여진 물 그 풍요로운 물이 우리 정읍천을 따라 도도히 흐르고 있다. 나는 이 소중한 물을 '단풍수'라 부르고 싶다. 언젠가부터 우리 고장에 丹楓酒 라는 술이 있어 사랑을 받고 있는데, 실은 이 단풍주도 내장산의 맑고 깨끗한 '단풍수'에서 그 명성의 유래를 찾을 수 있을 것이다.

우리는 이 자랑스러운 물을 이 고장의 명물로 잘 지키고 보존해야 한다. 후손들에게 맑고 깨끗한 물 그대로 잘 물려주어야 한다. 나무 한 그루, 풀 한 포기라도 소중하게 아끼고 가꾸어야 한다. 무심코 버리는 쓰레기, 수거하다 만 비닐, 플라스틱이며 깨진 빈 병들이 더 이상 나뒹굴어서는 안 된다. '비닐은 반영구적, 플라스틱과 유리는 영구적, 스티로폼은 1000년' — 우리가 함부로 버리거나 무심코 지나치는 쓰레기가 다 썩어서 없어지는 데 걸리는 기간이다. 이 끔찍한 일들이 아무 생각없이 벌어져서는 안 된다. 이대로 가다가는 얼마 안 가 우리 시민들이 마음놓고 지하수조차 마실 수 없는 쓰레기 강산이 되어버리지나 않을까 염려스럽다.

좀더 아껴쓰는 지혜가 요구된다. 멀쩡한 가구, 가전 제품, 가재도구, 또 음식물이 무방비로 버려지고 있다. 덜 버리고 고쳐 쓰고 물려 쓰던 우리 조상들의 아름다운 미덕이 아쉽기만 하다. 생활이 조금 나아졌다고 해서 마구 쓰고, 버리고, 쓰레기쯤은 나 몰라라 하는 우리네 뒷모습을 부끄러워할 줄 알아야 한다.

정읍은 전국적으로 살기 좋은 고장으로 알려져 있다. 어느 조사에 의하면 살기 좋기로 전국에서 두 번째란다. 우리 정읍은 산수가 수려하면서 눈비가 많아 강수량이 풍부하고 기후도 온화하다. 또한 교통이 편리하고 인심도 후하며, 각종 농산물이 풍부해서 먹을거리가 많아 참으로 살기 좋은 곳이다. 더구나 우리 정읍의 '단풍수'는 특히 물이 맑고 깨끗해서 시민들의 건강에도 좋고 우리 정읍 고을을 윤택하고 풍요롭게 해 준다.

'단풍수' — 우리 정읍의 생명수로서 우리가 잘 지켜야 할 보배다. 이 '단풍수'를 지키고 보존하는 데 우리 시민 모두가 앞장서야 한다. 과자껍질 하나, 껌 한 조각, 담배꽁초 하나 함부로 버려서는 안 되겠다. 각종 세제도 아껴쓰고 아 · 나 · 바 · 다 운동도 적극 활성화해서 정읍사랑에 동참해야 한다. 우리나라에서 가장 살기 좋은 곳 — 정읍! 우리 모두 자랑스런 정읍 시민으로서 긍지와 보람을 갖고 정읍을 더욱 아끼고 사랑하도록 노력하자.

먹물

화선지에 먹물은 오묘한 조화를 일으켜 걸작품이 되기도 하고 길이 보존되는 기록물로 남기도 한다. 그러나 세상의 먹물은 먹튀가 되어 혼란스럽다. 먹고 보자 먹물이다.

먹새의 천국이다. 우선 먹고 보자. 물불 안 가린다. 그래서 먹새, 먹판, 먹물의 나라다.

뱀, 곰쓸개를 찾아 국외 원정을 다닌다. 지구촌 끝까지 먹는 거라면 육물, 해물, 광물, 뇌물, 똥물도 가리지 않는다. 죽는 한이 있어도 먹고 보자. 먹고 죽은 놈 때깔도 좋다더라. 먹튀에 세상이 썩어가고 문드러져도 내가 알 바 아니다. 먹고 보자 먹판이 최고다. 뇌물에 뇌가 썩어가고 나라가 병들어간다.

짠물

모든 사람은 부자가 되고 싶어한다. 부모를 잘 두어서 부자가 되고 변화무쌍한 세상에서 요령이나 운이 좋아서 갑자기 부를 가지게 된 사람도 있다. 한 걸음 한 걸음 열심히 노력해서 땀의 대가로 위대한 부를 창출한 사람들도 많다. 어느 것 다 좋은 일이고 차이는 있지만 부러움의 대상이기도 하다. 문제는 그들이 어떻게 부를 가지게 됐느냐보다는 어떻게 쓰며 보람 있게 살아가느냐일 것이다.

우리 사회는 돈을 쓸 줄 모르는 사람이 많다고 한다. 잘 사용하고 보람 있게 쓰면 세상의 모든 것을 누릴 수도 있고 얻을 수도 있는데 하는 말이다.

주변 사람 중에 도시 근교에 땅을 좀 산 것이 개발효과를 크게 얻어 빌딩도 짓고 큰 재산이 되었다는 한 부부가 있다. 지금 이 부부는 허름한 고향집에서 취 고사리 쑥 등 산나물을 뜯어다 재래시장에 팔아서 자기들 생활비에 보태고 손자들에게 용돈도 주며 산다고 한다. 이들에게 취미와 하고 싶은 일이라고는 별로 없다. 그래서 주변에서 놀러 다니며 구경도 좀 하고 먹을 것도 사먹고 하고 싶은 일을 하면서 여유 있게 좀 사시지 그럽니까? 했더니 내가 뭐 배운 게 있어야지요. 이렇게 사는 게 재미지요. 그 부부의 대답이다.

어느 촌부는 집 부근에 학교 아파트가 들어서면서 갑자기 수십억대의 갑부가 되었다. 그 촌부의 생활은 오늘도 변함없이 허름한 옷에 다 헤어진 신발을 신고 공장이나 주변의 잡목들을 모아다 개밥을 끓이고 뙤약볕에 잡초를 뜯느라 여념이 없다. 그 사이 자식들은 특별히 하는 일도 없이 빌딩이나 관리하며 부모 재산을 관리하며 살고 있다.

우리 주변에 짠물이 많다고 한다. 어떻게 벌었든 그 돈을 쓰는데 너무나 인색하다는 얘기일 것이다. 모을 줄만 알았지 쓸 줄은 모르고 구두쇠 소리를 들어가며 평생을 살아온 사람을 말하는 얘기다. 그들이 갑자기 병들어서 죽고 나면 자식들 재산 싸움에 주변이 시끄럽다. 가끔씩 들리는 이야기이다.

반면에 야채장사로 생선가게로 평생 모은 돈을 어려운 아이들 교육에 보태어 쓰라고 학교나 장학 재단에 희사한 할머니도 계신다.

저 분은 짠물이다. 짠돌이, 짠순이, 구두쇠라 탓해서는 안 될 것 같다. 그들을 높이 평가해야 할 것이다. 잘못된 자식사랑, 보람있게 사는 방법, 배풀며 더불어 사는 세상을 터득하도록 우리 사회 모두가 노력해야 할 것 같다. 그래서 미국의 세계에서 두 번째 부자가 그 엄청난 재산의 85%를 사회에 환원하겠다고 하는 아름다운 이야기는 아닐지라도 가진 자들이 단 10%, 20%라도 사회에 배풀면서 보람을 느끼는 사회가 되었으면 좋겠다. 물론 현재 많은 봉사와 기부를 하면서 보람 있게 사는 분도 많다. 우리 사회에 진정 짠물이 필요하고 또 그렇게 살아가야 한다. 다만 그렇게 해서 쌓은 것들을 나누고 누릴 줄도 알아야 한다는 얘기다.

오물

맑은 물에는 물고기가 잘 살지 못한다. 세상을 살아가는 데도 착한 사람, 선한 사람이 견디기 힘들어 하는 경우가 많다. 착하고 선한 사람은 원칙에 맞게 타인에 해 끼치지 않고 법을 잘 지키며 열심히 살아가는 사람들이다. 반면에 다른 쪽에 서 있는 자는 타인이야 어찌됐든 아랑곳하지 않고 자기 본위로 산다. 어떻게든 법망을 피하고 아니면 교묘히 그것을 이용해서 살다 보니 사회의 악을 생산하는 자들이다. 다시 말하면 사회에 도움이 되지 않는 쓰레기와 비슷한 자들이다. 쓰레기가 넘치면 쌓여서 오물이 되고 나아가서 냄새가 난다.

금년에 긴 장마에 지역적으로는 유난히 비도 많았다. 쓸려내려오는 쓰레기 등 각종 오물에 저수지나 댐들이 몸살을 앓는다. 잘 관리되지 않으면 마음놓고 마시고 이용할 수도 없다. 사람들이 파헤쳐

놓은 곳에 나무토막이며 건축자재들이 떠내려 오다가 다리를 막고 길을 막아서 수십 수백 년 동안 지켜온 마을이 송두리째 떠내려가 버린 곳도 있다. 근본적으로는 잘못 개발되고 여기저기 쓰레기처럼 널려 있는 자재나 나무토막들이 엄청난 재앙을 불러온 것이다.

속된 말로 아주 못된 사람보고 '쓰레기만도 못한 놈' 이라고 하는 옛말도 있다. 인간이 악해져서 심하면 사회를 오염시키고 파괴하기 때문일 것이다.

비만 오면 쓰레기 오물이 판을 쳐서는 안 된다. 사회 곳곳에 널려 있는 쓰레기가 정리되고 사라져야 한다. 우리들 마음속에 있는 쓰레기도 정리하고 제거하도록 노력해야 할 것 같다.

After you

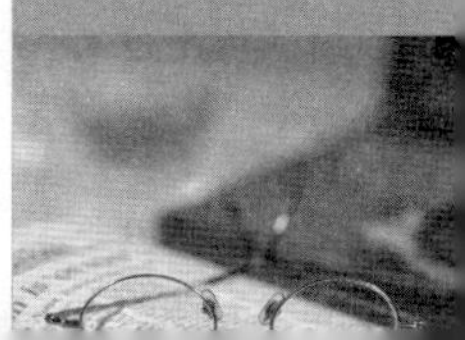

반가운 손님

무더위가 세상을 숨막히게 한다.
사르르…… 시원한 미풍이 밀려오는 아침이다.
먼 산에 안개 자욱하니 오늘도 만만치 않겠구나.
갑자기 창가에 매미 한 마리가
와서 인사를 한다.
쓸-----------
집 안팎을 진동시킨다.
오랜만에 아주 가까이서 매미를 보게 되었다.
참 반가운 손님이다.
행운이다. 좋은 소식을 가져 왔겠지.
"건강한 여름 보내세요."
"쓸-----------"

그래 고맙다. 즐거운 노래 많이 불러다오.
한참을 신나게 부르더니
푸른 창공을 향해 날아갔다.
참 상쾌한 아침이다.

빈자리

빈은 우리 집 재롱이 강아지 이름이다. 처음 이름을 받았을 때 이놈이 머리가 좀 비었거나 어디 좀 모자란 게 아닐까 하는 생각이 스쳐갔다. 그래 좀 덜 떨어진 게 나을지도 모르지. 그래야 대충 지나치기도 하고, 아옹다옹하면서 정이 묻어나기도 하겠지.

이사온 지 하루 되어서 철없이 덤벼들어 발톱으로 긁고, 할퀴고, 날카로운 이로 옷이며 양말이며 물어뜯는 게 여간 앙증스러운 게 아니다.

옷가지며, 볼펜까지도 물어다가 노리개삼아 열심히 입 운동을 하곤 한다. 개껌이나 노리개인형 등을 가지고 놀다가 싫증나면 그러나 보다. 귀찮다고 밀어내도 가슴이나 무릎 품에 안겨 나를 끊임없이 차지하려 든다. 눈치 코치 여간 버릇없이 구는 게 아니다. 잘못 길들여서 어쩔 수 없다 싶어서 심하게 내치지도 못한다. 이래저래

미운 정, 고운 정 많이 들었다.

아내의 가까운 분이 빈을 보내어 주었을 때는 대수롭게 생각했는데, 시간이 흐르고 정이 들면서 가정생활도 일부 바뀌고 있었다. 출타할 때는 여러 가지로 신경쓰는 게 많아졌다. 마음먹고 책상머리에 앉으면 빈이 옆에 와서 아양을 떨기도 하고 또 말썽을 피우기도 한다. 이리저리 궁리 끝에 좋은 분에게 맡겨야겠다는 결심을 하게 되었다. 더 이상 정들기 전에 서둘러야지 싶어서.

떠나 보내는 날 아내는 여간 서운해 하는 게 아니었다. 며칠 전부터 덥다고 털깎이를 해서 아주 시원하게 해주었다. 좋아서 이 방 저 방 꼬리를 치고 방정을 떠는 꼴이라니, 목욕시키면서 버릇없이 굴지 마라, 뭐하면 혼난다, 하고 시집보내는 어머니처럼 잔소리가 많다. 새집에 가면 말 잘 들어야 한다, 말썽 피우지 마라, 몇 번씩 다짐한다. 아침에 유난히 재롱을 떨던 빈은 갔다. 텅 빈 집처럼 조용하다. 여기저기서 빈이 자던 곳 쉬야, 응아하던 곳이 그대로 비어 있다. 빈이 놀던 빈자리가 빈 채로 비어 있다.

After you

'세상은 넓고 할 일은 많다.'고 한때는 신화의 주인공이었던 분이 금세 비운의 나락으로 떨어져 이역만리에서 헤매고 있다. 개발도상에서 국가 경제가 급속히 팽창할 때 그는 다섯 손가락 안에 드는 대재벌로 성공신화의 주인공이었다. 신문 배달의 어린 소년에서 대기업 총수에 이르기까지 그의 성공신화는 세상을 떠들썩하게 하고 남았다. 그런 그가 하루아침에 조국 땅을 들어서지도 못하는 미아의 신세가 된 것 또한 기록에 남을 만하다.

급속한 산업화 물결에서, 개발 지상주의의 시류를 타고 엄청난 기업을 이루고 부를 축적했던 그였다. 세상은 무한했고, 해야 할 일은 많았다. 또, 엄청난 변화의 소용돌이 속에서 뛰고 또 뛰었다. 뒤도 옆도 쳐다볼 겨를이 없다. 앞만 보고 뛰고 헤쳐나가기도 바쁘다. 어느새 중진국을 넘어서 선진국 대열에 끼겠다고 발버둥치고 있다. 그들은 살아남기 어렵다. 치열한 생존경쟁에서 남을 치고, 상대를 딛고 올라서야 하는 각박한 사회로 변해왔다. 모든 시스템이 죽느냐 사느냐, 먹느냐 먹히느냐의 생존 게임으로 변해가고 있다. 그런데 국민 소득이 이만 달러를 넘어섰고, 그래서 물질적으로 다소 풍부해졌지만 우리네 마음이나 세상살이는 전혀 여유로워 보이지 않는다.

After you(당신 먼저, 먼저 하세요.)

매사에 여유가 없다. 상대를 고려하고 배려할 여유가 없다. 시간은 돈이다. 기다려주지도 않는다. 그래서 서두른다. 빨리 빨리 문화가 전국을 강타한다. 빨리 횡단보도를 건너야 하고, 빨리 먹어야만 하고, 교과서도 앞당겨서 마쳐야 한다. 먼저 승진하고, 좋은 아파트도 먼저 사야만 한다. 외국여행도 먼저, 유명 명품도 먼저 사야 직성이 풀리는 민족이다. 여기에 after you나 for you(당신을 위하여)가 쉽게 자리할 수가 있겠는가?

하지만 마냥 그럴 수만은 없지 않은가. 이제 가파른 언덕에서 옆도 뒤도 한 번 돌아보는 여유가 필요하다. 주변의 나무들도 그 밑에 가려진 풀숲도 돌아보는 여유가 있어야 한다. 먼 산만 보고 뛰다가 발밑에 소중한 것을 잃어버린다. 진정 소중한 것은 가까운 곳에 있음을 알아야 한다.

앙증맞게 피어 있는 들꽃이, 골짜기에 졸졸 흘러내리는 자연수가 소중하다. 뻐꾸기 청솔모가 귀엽다. 소나무 가지에 걸려 있는 짙푸른 녹음, 신록이 더 좋다. 이젠 자주 주위를 돌아보고 생각하는 여유가 필요한 때다. 차례를 지키고, 횡단보도, 거리질서를 꼼꼼히 챙길 줄 알아야 한다. 어른께 배려하고 친구, 이웃에 인색해서는 안 된다. 어려운 이웃, 장애인들에게도 좀 더 따뜻한 마음이 열려야 한다.

After you, 우리 사회가 좀 더 여유가 있고, 배려의 미덕이 풍성했으면 좋겠다.

은목서

세연 몇 줄기 드리워져 있는 작은 연못가에 상사화 만발하다. 겹겹이 쌓여 있는 불당, 특별이 가을 햇살 가는 곳에 은은하면서도 진하게 파고드는 향기가 난다. 부처님의 고고함이 배여 있는 이국적 향취가 풍겨오는 이곳에서 은목서가 반긴다. 가을의 꽃이다. 황금벌판에 누런 벼 이삭이 출렁일 때, 은목서 그 진한 향기는 선암사의 드넓은 구석구석을 누비고 있었다.

오작교처럼 생긴 다리 아래로 불거져나온 배꼽 모양의 홍애가 선암사를 찾는 선객들을 경건하게 맞아준다. 세속을 넘는 물소리 지나고 나뭇가지에 산새 날 때 산사는 덧없이 푸근해 보인다.

적막한 불사에 경쾌한 목탁소리, 깊고 넓은 불경소리가 먼 하늘나라에서 들려오는 듯하다. 뜨람 뜨람 매미소리 진동하더니 이 가을엔 낙엽 짙게 깔리고 계곡 물소리 요란하다. 녹음의 숲길 시원한 바람 소리 따라 천리향이 손님을 맞이한다. 그 향기 천 리를 간다던가. 천리 먼 고향의 어머니의 품처럼 마음같이 푸근하기만 하다. 깊은 심호흡에 참하고, 맑은 정신이 선명하다. 부처님의 높고 깊은 뜻이 중생에 보이는 자비로움으로 다가서는 듯하다.

스님의 낭랑한 목소리에 끌려 속절없이 기왓장에 소원을 빌어본다. 속세의 욕심이요, 무심한 중생의 푸념일까. 마음 접고 새겨본다.

'건강', '화목', '소원성취'

어둠을 밝혀준 가로등

— 유종국 은사님의 고희에 바쳐

서래봉 등성이로 풍우가 넘나들더니
한 그루 고운 홍단풍이
석양빛 나그네와
붉게 어울립니다.

그동안 은사님께선
충효정신忠孝精神을 바탕으로
지행합일知行合一을 중시하여
민주시민 양성에 헌신하셨습니다.

교육에의 남다른 의지로
한 몸 바친 40여 성상

성실과 근면한 생활
부단한 자기연찬自己硏鑽으로
해박한 학윤學輪으로 교육현장을
살찌웠습니다.

청운의 꿈을 안고
역사 의식을 일깨워 주신 님,
분명 선생님은
뿌리 깊고 든든한
아낌없이 주는 나무이셨습니다.

교육을 아끼고 제자들을 사랑하는
은사님의 숭고한 뜻은
마르지 않는 샘물이요
어둠을 밝혀주는 이 시대의
가로등이었습니다.

여한이 있겠습니까.
세월의 무상함을 어찌하겠습니까
긴 여정을 숨가쁘게 달려온 세월
자꾸만 뒤돌아보는 시선을

후회라니요?
훌훌 털어버리십시오

이제, 고희를 맞으신
내장산 나그네.

뜰 앞에 만발한 살구나무가
고향의 푸근한 정으로 반겨줄 겁니다.
자연의 섭리 앞에
인생의 향기 가득 지니시고
보람 있고 행복한 노후를 누리소서.

※ 은사님 고희 기념문집에서

님의 목소리

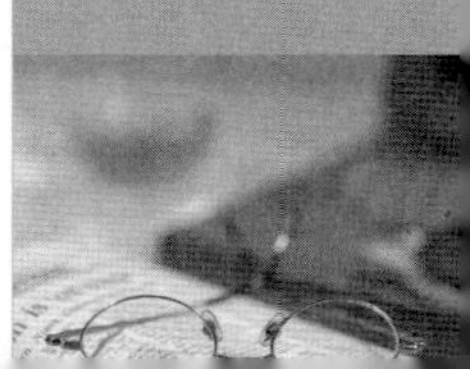

허전한 아버지

 아버지 경력이 30년이면 만만치 않은데 뒤돌아보면 남편 노릇 아버지 역할을 어떻게 해 왔는지 허전하기만 하다. 열심히 살면 다 잘되는 줄 알았다. 많은 일들이 순식간에 지나가 버렸다. 계획성도 없고 맹목적으로 뛰어온 것 같은 착각에 빠지기도 했다. 2세 교육에 헌신하며 보람 있게 살아온 외길에 감사해야 할 내가, 성공 지향적인 가치관에 매몰되어 허우적거리며 살아오지 않았나 싶다. 무언가 허전하다. 아쉬운 마음이 떠나지 않는다.

Hugging포옹

친절히 맞아주던 아버지 학교에서 Hugging 하면서 무언가 잃어버린 것을 되찾은 것 같았다. 오랜만에 만난 아들과 몇 번인가 포옹한 적이 전부였다. 아내와 아침저녁으로 좀 어색한 Hugging이 반복되면서 그 행동 이상의 따스함이 넘쳐나는 것을 느끼게 되었다.

이것이다. 여기서부터 시작해야 한다. 이 Hugging이란 말로 모든 인간관계의 시발점이 될 만하다. 왜 이제야 알게 되었을까? 자녀들에게 사랑의 정표로 이것 이상 좋은 게 있을까. 친구, 가족, 연인들이 만나면 서로 다정하게 대화하며 껴안아 주고 어루만져 주는 Hugging — 참 소중한 의미를 갖는 것 같다. 늦게나마 진정한 의미를 알 수 있어 다행이다.

느슨하고 나태해진 가족들과의 관계를 좀 더 새롭게 이어주는 중요한 끈이 되고 있다. 생활에 윤활유가 되고 촉진제가 되어서 부드럽고 끈끈한 관계로 활력을 주고 있으니 더 이상 고마운 일이 아닐 수 없다.

사랑

우리는 끊임없이 사랑을 이야기하고 노래하며 살고 있다. Hugging 하며 사랑의 진정한 의미를 확인하게 되었다. 사랑은 표현이요 행동이라는 것을! '사랑은 감정이 아니라 행동이다.' '감정이 없으면 행동해야 한다.'는 이야기를 가슴속에 새기게 되었다. 먼저 다가서는 것이 사랑이라니 얼마나 좋은 이야기인가. 아내에게 먼저 다가서서 화해의 손길을 내미는 것이 진정한 사랑이란다. 그래서 사랑은 용기가 필요하다는 말씀이 힘 있게 다가온다.

매말라가는 감정을 행동으로 다가서고 자주 접촉하면서 표현함으로써 감정의 샘이 마르지 않고 줄기차게 솟아난다는 이야기일 것이다.

온유와 겸손

둘째 날 온유를 알게 되었다. 온유란 힘 있는 자의 철저한 절제이며 부드러움이다. 진정한 남성이라면 온유함과 여유를 보여야 한다. 힘이 넘치나 참는 것이 절제함이요, 도량을 보여주는 것이다. 우리 남자는, '강해야 한다.' '무뚝뚝하고 근엄하고 울어서도 안 된다.' 등의 굴레에 눌려 지내왔다. 연약함에 비틀거리면서도 남자라는 허세를 부려왔던 것이 우리 세대가 아니었던가 싶다.

온유하면 겸손해진다는 의미를 이제야 알 것 같다.

기다림

가정에서는 식구들에게, 학교에서는 아이들에게, 나의 소망과 바람을 꾸준히 채근해 왔다. 마음에 차지 않으면 나무라고, 따지고, 때로는 채찍질하는 습성이 남아 있었다. 가끔씩 학생들 앞에서 욕설이 튀어나오곤 했다. 회초리가 앞설 때도 있었다. 왜 좀 더 참고 기다리지 못하고 내 자존심만 앞세웠을까. 어차피 어려운 길에 들어섰으니 기다려 볼 만도 한데. 어려운 일이다. 더 많이 갈고 다듬으며 공부해서 기다림의 미학을 터득하고 싶다.

아버지학교 수료증

세상에는 많은 직업이 있다. 그 많은 직업마다 전문성이 요구되고 그에 맞는 소양을 갖추어야 한다. 공부를 열심히 하고 연구를 해서 전문성을 고양하며 소양을 갖춘 자에게 자격증을 부여한다. 이들이 이 사회를 움직이는 원동력이다.

이 시대의 아버지가 흔들거리고 있다. 아버지가 살아야 가정과 학교가 살고 나라가 건강해진다. 그래서 아버지학교는 우리 사회를 이끄는 중심체로서 소중한 밀알로서, 값진 의미가 있다고 생각한다. 이제 아버지도 자격을 갖추어야 할 때가 온 것 같다. 교육을 받고 훈련을 통해서 진정한 아버지로 다시 태어나야 한다. Hugging과 사랑, 온유와 겸손, 그리고 기다림의 미학을 깨우친 전문가적 자질과 소양을 갖추어야만 진정한 아버지로서 사명을 다할 수 있기 때문이다.

정읍 아버지학교 6기 5주 과정을 마치면서 늦게나마 참여한 것에 참으로 감사한다. 관계 당국에서도 이 아버지학교에 깊은 관심을 가지고 뒷받침해야 할 것 같다. 종교 단체에게만 맡길 일이 아닌 것 같다. 사회 구성원 모두의 의식과 가치관을 동반 상승시킬 수 있는 중차대한 문제이기 때문이다.

그동안 아버지학교 운영에 관계하신 모든 분들에게 진심으로 감사드린다.

진인사대천명盡人事待天命

아버지께서는 과묵하셨다. 평생 농사일을 천직으로 알고 참으로 열심히 살다 가셨다. 하루도 거르지 않고 새벽부터 논밭을 누비시며 근면과 성실을 실천으로 보여주셨다. 그래서일까? 크게 아프거나 병원 신세를 진 적이 거의 없으셨다. 한두 번의 기억이 있을 뿐 평생 건강하게 사셨다.

온화한 성격에 낙천적이셨다. 어느 해 큰 홍수가 나서 새로 만든 논 수백 평이 다 떠내려가고 묻혔는데도 태평하셨다. "금년 농사 다 망쳤다." "비가 원만치 왔어야지!" 하고는 입을 다무셨다. 어머니의 빗발치는 성화에도 "걱정한다고 떠내려간 논이 돌아오나?" 하고 돌아서시ejs 모습이 선하다.

자전거를 타고 할머니 산소를 둘러보고 오시다가 교통사고로 83세에 운명하신 아버지. 가끔씩 어머니를 자전거에 태우고 논밭을 다니던 아버지이셨다. 술을 즐겨 드셨다. 적게 드시는 술은 아니었는데도 크게 실수하시는 걸 본 기억이 없다. 마을에서도 50~60대의 젊은 분들과 즐겨 드시곤 했다. 그래서 큰 소주상자를 들여놓아도 오래 가지 못했다. 어쩌다 한두 번 취하시기라도 하면 말씀하셨다. "사람이 다 사람이 아니다. 사람 노릇을 해야 사람이지." "盡人事待天命. 할 일을 최선을 다해서 하고 하늘의 뜻을 기다려라." 하며 다 큰 아들인데도 한결같은 믿음과 사랑을 주셨다. 말씀을 앞세우기보다는 평소 열심히 일하고 근면하게 사시며 실천으로 가르침을 주신 분이셨다.

운명하시던 날 사고 소식을 듣고 급히 병원 응급실로 달려갔다. "애야! 여기 어깨 좀 쎄게 주물러라!" 정신없이 주물러대며 "괜찮으시겠어요?" "몹시 아프다. 여기저기 어디가 아픈지 잘 모르겠구나." 의사선생님의 임시 처방에 우선한 것 같았다. 주변의 권유도 있고 해서 사고처리반 현장답사에 따라 나선 것이 큰 과오였다. 아버지의 임종을 놓치고 만 것이다. 큰일은 없을 것이라던 병원 측의 말이 원망스러웠다. 조금만 더 관심을 가지고 사려깊게 행동했더라면 이런 불효막심한 일은 없었을 텐데. 두고두고 후회스러웠다.

어느 날 너무나 쉽게 가셨다. 평소에 자주 하시던 말씀들이 주마등처럼 뇌리를 맴돈다. '진인사 대천명.' 언젠가 모르게 아버지의 뒷모습을 닮아왔다.

그분의 말씀이 나에게 투영되고 말씀 한 마디 행동 하나하나가 몸에 배어 나타나는 듯하다. 오늘 새삼 아버지를 마주하듯 가슴이 훈훈하다. "아버님! 아버님은 운명하신 게 아니었습니다. 이 건장한 아들이 아버지의 소망과 뜻에 따라 열심히 살고 있으니까요."

리모델링(Remodeling)

우리나라 1960년대와 1970~80년대는 근대화, 산업화라는 거대한 물결과 함께 가난에서 벗어나고자 모두들 열심히 살아온 시절이다. 그래서 더욱 힘들고 어려운 시대였다. 그 격동기를 살아오면서 앞만 보고 열심히 뛰었다. 산업현장에서 학교에서 산과 바다 모든 일터에서 또 해외현장에서 열심히 노력하며 살아왔다. 밤낮없이 일에 묻혀서 정신없이 살아온 것이다. 그 후 시간이 지나면서 경제적으로 좀 여유가 생기고 우리는 조금씩 제자리를 찾게 되었다.

어느 순간 '내가 벌써 50인가?' '내가 이루어 놓은 게 뭐야?' '허망한 인생 같아!' 허전한 마음이 우리 곁을 떠나지 않는다. 모든 게 아쉽기만 하다. 교사로 40년을 넘게 봉직하면서 이제와 되돌아보니 아쉽고 안타까운 게 한두 가지가 아니다. 변변한 집 한 채 마련하지 못한 것은 그렇다 치고 자식들에게는 얼마나 따뜻한 아빠였는가.

꼭 필요한 때는 그들에게 회초리와 칭찬 그리고 격려를 적절하게 나누어 주었던가. 건강도 잘 지켜주지 못한 안해(아내)를 보면 내가 얼마나 가정에 충실하지 못하고 대충 살아왔는지 가슴이 아파온다. 그렇다고 내가 나의 직장 학교에서, 또 사회에서 대단한 일이나 봉사를 한 것도 아니다.

'뭐니 해도 자식농사가 최고야!' 라고 떠들어대지만 내 자식들에게 끈끈한 사랑을 얼마나 쏟아 보았는가. 그들의 어려움이나 소망을 함께 해본 적이 얼마나 있었던가. 삶의 지혜를 깨우쳐 주고 가려운 곳을 어루만져주는 아버지의 인자한 모습을 얼마나 보여 주었는가. 돌이켜보면 한없이 부끄럽고 후회스럽기만 하다.

그래 이제라도 좀 추스르고 싶다. 못다 한 정이 있다면 베풀고 나누어 주고 싶다. 이곳저곳 다니며 운동도 같이 하고 산에 올라 호연지기를 길러주고 싶다. 호숫가에 모여서 달빛 아래 낚시도 하고 소주잔을 나누며 인생을 이야기하고 싶다. 명승지를 찾아 여행하면서 생활의 지혜도 나누어 보고 싶다.

그러나 지금은 아쉽게도 너무 멀리 와 있는 것 같다. 자식들과 멀리 떨어져 살고 마음도 그만큼 멀어져 있음은 부인할 수 없다. 그래도 나는 나 자신과 나의 가족을 위해 뭔가 남은 일이 있을 것 같다. 망가진 건강을 잘 회복시켜서 따뜻하고 끈끈한 부부의 연을 더욱 돈독하게 쌓아 가야겠다. 좀 늦었지만 이제부터 시작이다. 수선하고 갈고 다듬고 정비해 나가야 한다. 느슨해진 정신과 내 생활에 새로운 활력을 불어넣어야 한다. 지난 일이 아쉬운, 남편과 아빠로서 내 인생에 확실한 리모델링을 해야 한다. 오늘 이 아버지 학교에서 그 첫걸음을 시작해야겠다.

사랑하는 아내에게

여보! 32년의 결혼 여행은 결코 짧은 세월이 아니요. 즐겁고 행복했던 추억보다는 힘들고 어려웠던 기억들이 더 많이 눈앞에 어른거릴 거요. 특별히 당신이 첫애를 낳았을 때는 쉽게 잊을 수 없을 겁니다. 그때는 아빠 연습이 미숙했고 직장에서는 학교 초보교사로서 바쁘기만 했었소. 출산하던 날 아무것도 모르고 생각 없이 서울 친구 결혼식에 갔었지요. 당신 혼자서 당황해 하는 모습을 상상하니 지금도 아찔한 생각이 듭니다. 특히 임신 중독 증세로 눈이 보이지 않았으니 얼마나 놀랐겠소. 난산 끝에 첫 아들을 낳았지만 3일 만에 나타난 남편은 다정하지도 자상하지도 못했으니 말이요.

그 후 둘째 딸과 셋째 아들을 갖게 되었지만 산후조리를 비롯한 건강관리가 소홀했던 것 같소. 당신은 가끔씩 나보고 무뚝뚝하고 잔정이 없다고 했지요. 인정하고 반성합니다. 당신은 중년에 큰 수술을 받은 적도 있고 이래저래 몸이 약합니다. 신경도 전보다 예민해졌습니다. 이것저것 생각해 보면 나의 무관심과 사랑의 부족에 대한 업보라 생각됩니다. 평생 무거운 짐을 지운 것 같아 미안한 마음뿐이오. 가끔씩은 대충 대충하는 습성 때문에, 또는 지혜롭지 못한 나를 만나서 고생하고 있으니 말이요.

하지만 당신은 좋은 아내요. 어려운 여건에서도 매사에 적극적이고 열심히 살아왔소. 화끈한 성격에 섬세하면서도 강한 어머니요, 아내였소. 불평이나 투정 없이 시부모님을 잘 모셔 왔고 아이들에게도 인정 많으면서도 냉철한 엄마였소.

9년 전 나에게 일어난 사건은 우리 가정에 엄청난 충격이었지요. 암이라면 이름만 들어도 무서웠지요. 그러나 당신은 조금도 흔들리지 않고 희망과 용기를 주었소. 그 충격과 어려움 앞에서, "당신은 쉽게 어떻게 될 분이 아니에요.", "여든 살도 끄떡없으니 걱정 말아요." 하며 용기를 북돋아 주었습니다. 편안한 모습으로 정성을 다해 헌신적으로 돌보아 오늘의 내가 있게 하였소.

당신이 아는 것처럼 나는 병원 내에서 가장 모범적인 환자였소. 어려운 항암치료, 그리고 지긋지긋한 식사를 거의 거르지 않고 소화해내지 않았소, 그게 다 당신 덕이요. 대소변을 받아내던 당신 이마에 흐르던 땀방울을 잊을 수가 없소. 원자력병원 지하병실에서 올려다 보이는 회색 하늘……. 항암치료에 사색이 되어 가는 환자들 사이에서 삶과 죽음이 교차하는 순간들을 쉽게 잊을 수 없소.

이 시간 나는 건강합니다. 그 대신 당신이 부실한 종합병원이 되었지요. 이제 내가 당신의 건강을 책임져야 합니다. 어렵지만 내가 이끄는 대로 따라 주시오. 우리는 '공사 중'입니다. 건강과 행복한 가정을 만드는 중요한 공사입니다. 부단히 다듬고 운동하면서 치료를 받고 마음을 다스려야 합니다. 당신의 맵시는 아름답습니다. 또한 당신의 요리솜씨는 매일 매일 맛있는 식사로 우리 가족 모두를 건강하게 해주었습니다. 그러나 한 가지 당신 자신의 건강에는 인색했습니다.

당신의 따뜻한 말씨와 부드러운 미소가 우리 가정에 진정한 행복을 가져다주고 있음을 확신합니다. 밤낮으로 열심히 신앙생활을 하는 당신에게 큰 도움이 되지 못해서 항상 무거운 마음입니다. 아침 저녁으로 Hugging 하면서 건강한 서로를 확인하고 우리 가족의 행복을 지켜 나갑시다.

여보, 사랑하오. 당신을 만난 날부터 영원히!

2006년 11월 15일, 당신의 건강한 남편 박삼규가

아내가 사랑스러운 이유

내 조그만 일도 알아주고 칭찬해주는 마음이 사랑스럽고.
나의 의견을 귀담아 주니 사랑스럽다.
고운 말씨를 쓰려고 노력하는 마음씨.
노모님 반찬 등 여러 가지를 신경쓸 때.
독서하며 공부하는 모습은 참으로 아름답다.
열심히 일하고 만족해서 미소지을 때.
운동을 열심히 하는 모습을 보면 사랑스럽다.
건강에 관심을 가지고 노력하는 모습(TV, 신문 등)
열심히 땀 흘리며 청소하는 모습.
아침저녁 출퇴근 시 밝은 웃음으로 맞아줄 때.
흑장미처럼 아름다운 맵시, 미소가 사랑스럽다.
아이들의 어려움을 잘 헤아려주는 마음.

친구. 이웃관계가 원만하니 사랑스럽다.
나의 직장생활에 감사하게 생각하고 또 표현할 때.
과일 깎아 한입 넣어주는 손끝이 아름답다.
Hugging 할 때 가슴(품)에 안기는 모습이 사랑스럽다.

큰아들(범수)이 사랑스런 이유

긍정적으로 생각하고 노력하는 모습이 아름답다.

어려움을 의연하게 대처하는 자세가 자랑스럽다.

아빠의 말에 “예, 아버지, 알겠습니다.” 하고 자신있게 대답하는 모습이 아름답다.

최선을 다하겠다는 다짐이 마음에 든다.

삶의 이치를 바르게 깨우쳐가니 반갑다.

건강해서 좋다.

복잡한 친구관계를 잘 정리해서 고맙다.

규칙적인 생활로 건강한 모습이 아름답다.

큰아들로서 가정에 대한 사명감을 인식하고 노력하는 모습이 자랑스럽다.

무지개가 그리운 계절

무정

나는 무뚝뚝한 사나이다. 생김새도 무덤덤하고 무뚝뚝해 보인다. 수수해 보이고 믿음직해 보인다면 후한 점수일 것이다. 단순하고 좀 둔해 보이기도 한다. 과묵하고 정감이 있어 보인다면 만족해야 할 것이다.

옳고 그름이나 해야 할 일에 엄격하다. 추진력이 빈약할 때가 많다. 정에 약해서 아쉬움도 많다. 강하게 밀어붙이다가 이내 후회하고 만다. 이래저래 결단력 없이 흔들리고 시간을 놓쳐서 후회할 때도 있다.

자식 교육도 마찬가지다.

아들 둘에 딸아이를 두었다. 딸은 결혼하여 독립해 잘 지내고 있다. 두 아들은 사회 일선에서 열심히 뛰고 있다. 일자리를 옮겨가며 많은 사회경험을 쌓고 있지만 썩 만족스럽지 못한 점이 더 많다.

내가 자식에 대한 사랑과 관심이 부족했나 싶어 후회스러울 때가 많다.

앞에서 얘기한 것처럼 과묵하고 무뚝뚝하고 잔정이 없어 그렇다면 그럴 수 있다.

또 학교 일로 바쁘다 보니 관심이 좀 부족했지만 열심히 뛰는 아빠를 보고 잘해 주겠지 믿었는지도 모른다.

또 자연으로 돌아가라! 우리가 어렸을 때 주위의 별 도움 없이도 산, 강, 들로 헤치고 다니면서 이렇게 건장하고 대견스럽게 자라지 않았느냐? 이런 생각만으론, 좀 애들 하고 싶은 대로 너무 느슨한 교육이 되지 않았나 싶기도 하다.

내 자신도 학교 현장에서 애들 실력 향상에 매달려 밤낮으로 뛰고 노력하면서 꼭 이렇게까지 해야 하나 느끼면서 내 자식들 실력에 소홀한 게 아닌가. 또, 인성이나 기본생활이 우선이다 싶어 나름대로 그들에게 본을 보이면서 열심히 살아왔다고 믿었는지도 모른다. 더 자주 산과 강으로 목욕탕으로 경기장으로 도서관으로 다니면서 그들의 안목을 높여주고 생활의 지혜를 쌓아 주었어야 했는데 하는 아쉬움이 크다.

그들이 좀 싫다면 쉽게 그만두었는가. 바쁘다는 핑계로, 또 돈 들여가면서 너무 구속하는 것 같아서 싫다고 하면 도중에 그만두지는 않았는지 아쉬움으로 남기도 한다. 그 순간 어느 장면에서 강하게 밀었어야 했는데, 더 애정을 가지고 큰 사랑으로 그들과 뭉치며 생활하고 때로는 채찍질도 아끼지 않았어야 하는 아쉬움도 있다.

자기 일은 스스로 책임지고 헤쳐나가는 능동적 자세를 더 많이 기대했다. 작은 소망일지언정 본인 하고 싶은 이에 충실하면 그만이지 싶어 너무 긴장을 풀었는지도 모른다. 이제 와 어쩌겠는가. 건강하고 큰 과오 없이 이웃과 더불어 도우며 자기 위치를 지켜간다면 더 바랄 게 없다. 최선을 다했다면 겸허히 결과에 만족하라. 평범한 소시민적 사고에서 작은 일에도 만족할 수 있는 아들, 딸이 되었으면 한다. 삶의 의미가 진정한 행복이 거기에 있음을 느끼고 행동했으면 한다. 거기에 너희가 있고, 행복이, 보람이 있음을 유의하라.

회갑

60년이라는 세월은 결코 짧지 않다. 수많은 격동의 시절이 나의 얼굴 나의 미소 속에 새겨져 있다. 곳곳에 묻어나는 삶의 체취가 그간의 발자취를 더듬어 보게 한다. 사는 게 무언지, 좀더 나은 삶을 위해서 뛰어온 것인가 앞으로 어떻게 살라는 것인지. 다시 반추해보고 새롭게 설계해 보라는 반환점인지, 아니면 전환점인지 선뜻 생각이 서지 않는다. 지나온 족적을 되새겨 보고 정리해 보라는 의미일까, 명령일까.

교직에 몸담아 온 지 30여 성상. 늘 미흡하고 안타깝고 아쉬움이 많은 세월이었다. 분별없이 물 불 안 가리고 열정만으로 뛰던 때도 있었다. 때로는 정신없이 건성으로 서성이다 몇 년씩 보낸 적도 없지 않았다. 그리고 제법 교육에 정열을 가지고 밤낮으로 고민하고 염려하면서 가족을 국가를 위해서 생각했던 적도 많았다. 자신감에

넘쳐 앞만 보고 몸이 망가질 정도로 뛴 적도 있지만, 세상에 대한 푸념과 원망도 부족한 자신을 책망도 하며 살아왔다. 그러다 어느 날 달력을 넘기다 맞이한 회갑. 하루가 다르게 변화하는 사회에서 초롱초롱하고 총명한 젊은 눈동자들 앞에서 오늘의 나는 누구인가. 어떻게 이별 연습을 하고 새로운 사회에 대한 준비는 어떻게 해야 하나.

그렇다! 그동안 열심히 앞만 보고 뛰어온 세월, 심신이 예전 같지 않다. 이제 휴식도 필요하다. 몸과 마음을 가다듬고 재정비 해야 한다. 뒤를 돌아보면서 감사하고 자축도 하면서 위로도 하고 여유를 논의할 때도 됐다. 그러해 왔듯이 후배 후진들에게 누가 되거나 부끄러운 어른의 자리가 되지 않도록 신경을 써야 한다. 나이를 앞세우기보다 민주주의의 기본이나 상식이 앞서가도록 노력해야 한다.

나아가서 우리 사회에 실버로서 긍지를 가지고 자랑스럽게 생활해 나가야 할 것이다. 근대화의 역군으로 몸을 던져 일해 왔고 사회 발전에 기여해 왔다. 이제 망가진 몸과 마음을 다듬고 추스려서 여생을 즐겁고 건강하게 살아야 한다. 자신감과 용기를 가지고 생활하자.

허수아비

허수아비는 농부의 뜻에 따라 움직인다. 본인의 의지도 목적도 없다. 촌부가 얹어주는 모자에 험상궂거나 익살스런 모양을 하고 서 있다. 힘이 없는 팔에 기다란 줄을 매고 흐느적거린다. 깡통 소리를 내기도 울긋불긋 허드레 춤을 추기도 한다. 반짝거리는 금딱지 종이나 비닐조각들이 나불대기도 한다.

요즈음 새들은 너무 영악해서 웬만한 쇼에는 꿈쩍도 하지 않는다. 겁도 없이 약올리기까지 한다. 허수아비도 기상천외한 모양으로 변신하곤 한다. 주변 도구들도 다양하다. 시원치 않으니 총까지 쏘아댄다.

언젠가 모르게 우리네 삶에 허수아비를 닮아가고 있는 아이들이 늘고 있다. 부모가 꾸미고 시키는 대로 살아간다. 미술, 피아노 학원에 다닌다. 웅변, 태권도, 컴퓨터, 영어학원에 가서 자리를 지켜야 한다. 가기 싫은 보습학원, 수영장에도 가라면 가야 된다. 떠들고 뛰며 놀 시간이 없다. 친구들과 소꿉장난하며 싸울 시간도 없다.

중 · 고등학교에 가도 달라질 게 없다. 취미나 적성에 신경을 써 보지만 이내 허물어지고 만다. 영어, 수학에 자율학습, 보충수업 등에 밤낮없이 매달리다 보면 어느새 지쳐버린다. 대학입시에 온 가족이 매달린다. 좋은 대학에 가는 것이 삶의 목표가 된다. 죽자 살자 모든 힘을 다해 정성을 쏟는다. 정작 대학에 가면 상황은 바뀐다. 긴장이 풀리고, 놀고 즐기는 시간이 더 많아진다. '먹고 대학생'이란 옛말이 무색할 지경이니 말이다. 이래저래 졸업장만 들고 나오는 경우도 많다.

초 · 중 · 고 때 열심히 하던 모습은 어디 갔나? 따지고 보면 자발적 의지가 부족한 공부였다. 운 좋게도 간판만으로 취업을 하게 되고, 직장생활을 시작하다 보니 잘 적응하지 못하면 자주 옮겨 다니기도 한다.

결혼은 어떤가? 가서 살기만 하는 경우도 있다. 아파트며, 가구, 자동차 심지어 이쑤시개, 행주까지 다 마련해 주는 부모도 있다. 그러니 결혼할 때 애인만 있으면 된다.

원래 공부할 때부터 그랬다. 본인의 자발적 의지에서 한 게 아니다. 옆에서 읽고 보여주고, 따갑게 반복해 주면 체크하고, 답만 챙기는 공부가 많았다. 교사가 몇 번씩 반복해서 풀어주면 끌려 다니며 따라서 하게 된다. 자신이 있을 때까지 말이다. 영어라고 해서 다를리 없다. 능동적 학습이 부족하니 대학에 가서도 상아탑의 본래의 뜻과는 거리가 먼 대학생활이 이어진다. 비만이 와도 스스로 해결하기 어렵다. 만약, 술을 줄이려고 한다면 혼자의 의지로는 힘들다.

그러니 담배를 줄이기는 더 어렵다는 이야기다. 물론, 바둑이나 등산, 테니스, 조깅 어느 것도 옆에서 같이 해주어야 하고, 학원에 다녀야 한다.

자기 주도적 삶이 무언가? 언제까지 자기 삶을 부모의 생각이나 기호에 맞게 살아갈 것인가? 또, 누구에게 의존해서만 갈 것인가? 진정 자기 것이 무엇이고, 선생님 것은 어디까지이고, 부모님 것은 어느 것인가, 따져보아야 한다. 지금 자기 생각대로 자기 정신대로 살아가고 있는지 생각해보자.

허수아비 인생이 뭐야? 허수아비가 웃는다.

찰랑찰랑 허수아비.

딸랑딸랑 허수아비.

무지개가 그리운 계절

무지개는 꿈이요 희망이다. 미지의 세계에 대한 동경이며 쉽사리 다가서지 않는 행운의 빛이다. 새벽안개처럼 왔다가 사라져 버리는 그리운 천사다. 무지개를 쫓아서 열심히 뛰는 천사들. 가끔씩 앞만 보고 생각 없이 계산도 없이 뛰어왔다.

세월이 흐르고 철이 들면서 그 화려한 무지개는 빛이 바래서 하얀 무지개가 되었다.

구경하기가 참 힘들다. 밤하늘의 별빛이 그리워지고 무지개가 보고 싶어진다. 그 옛날 메뚜기 송사리 잡던 아이들이 보고 싶다. 별을 따고 싶어한 아이들이 그립다.

이제 아름다운 무지개를 찾아 헤매던 아이들이 보이지 않는다. 오늘의 하늘은 예전의 그 아름답고 꿈 많던 하늘이 아니다. 미지의 꿈과 낭만을 가져다주던 희망의 일이 아니다. 설렘 속에 부푼 가슴으로 헤매던 동화의 나라는 더욱 아니다. 남새밭 해바라기에 걸려 있던 그 아름다운 무지개, 마을 앞 포플러 나무 끝에 피어난 소녀의 무지개는 어디에도 없다. 교회당 종각 위에서 빛나던 그 찬란한 무지개!

고향이 싫어서 등 돌렸을까.
자동차 매연에 멍들었나.
어려운 살림에 수출해 버렸나.
고국이 싫어 이민 갔나.
무지개가 그리운 계절이다.

까치의 겨울 준비

영특하기로 이름이 난 까치다. 딱딱한 호도를 까먹기 위해서 지나가는 자동차 바퀴 밑에 정확히 떨어뜨려 부서진 알맹이를 주워먹는 놀라운 기지를 발휘한다. 탐스럽고 잘 익은 사과나 배만을 쪼아먹는 얄미운 침입자이기도 하다. 이런 까치가 집을 짓고 있다. 화이트 크리스마스가 될 거라는 이른 이 겨울에. 날씨의 변덕에 잠시 세월을 착각했을까? 아니면 한가할 때, 여기저기 집 짓는 재료가 풍부할 때 그들의 보금자리를 만드는 것일까? 학교 강당 모퉁이에 있는 아까시 나무 꼭대기에 둥지를 틀기 시작했다. 변화 무쌍한 자연환경에 미리 대처하려는 그들만의 생존전략이지 싶어 놀라움이 앞선다.

준비하는 삶은 아름답다

농부는 풍부한 수확을 기약하며 이른 봄부터 준비한다. 논갈이, 못자리 준비, 씨앗 뿌리기, 김매고 농약을 뿌리는 등 수많은 손길이 오간다. 마찬가지로 학창 시절도 보람 있고 아름다운 삶을 위하여 농부들처럼 수많은 준비를 하고 또 수련을 해야 한다. 이 황금 같은 시절에 충분히 예비하지 못한다면 사회생활을 하는 데 무엇을 기대할 수 있단 말인가. 쉽게 생각하자. 현재 주어진 여건에서 조금만 더 준비하고 실천해 보자. 예습, 복습은 잘하고 있는가. 나의 부족한 과목이나 장·단점은 잘 파악하고 있나 더 신경을 써보자. 시간을 아껴 쓰다 보면 어느새 훌쩍 성숙해진 자신을 발견하게 될 것이다.

용기를 가지고 도전하라

무한한 가능성이 넘치는 사회다. 꿈은 반드시 이루어진다지 않는가. 세상은 용기를 가지고 부단히 노력하는 자의 몫이다. 사나이로 태어나서 원대한 뜻을 세우고 그 목표를 향해서 도전한다는 것은 해볼 만한 일이 아닌가. 모든 일에 하면 된다는 긍정적인 생각으로 하루하루를 노력해 보자. 용기야말로 놀라운 힘을 발휘하는 마술사이기도 하다.

아름다운 심성을 길러라

세상은 돈이나 학력만으로 살아가는 게 아니다. 그보다도 소중한 게 있다. 풋풋한 인간미가 넘치는 사회는 아름답다. 사람의 가슴을 움직이는 따뜻한 마음씨, 세상을 아름답게 하는 진솔한 심성을 기르는 것은 매우 중요하다. 살맛 나는 사회로 가는 기본이 되어야 하며 또한 지름길이 될 것이다. 거기에서 우리가 살아가는 진정한 의미를 느끼게 될 것이다.

오고 가는 책가방 속에 따뜻한 마음씨와 소중한 땀방울이 모여 넘칠 때 그들의 학창 시절은 값지고 보람이 넘치며 소중한 추억으로 빛날 것이다.

태인학원 후배들이여!

성황산의 맥이 용솟음치고 태인벌에 젊은이들의 높은 기상이 넘치게 하라.

태인중 · 고등학교(교지용)

베트남 · 캄보디아 기행

신이 내린 선물 '하롱베이'

만(BAY)이라고 하지만 잔잔하게 끝없이 배경이 펼쳐지는 호수와 같다.

3,000여 개의 기암괴석으로 이루어진 섬들이 떠 있는 하롱베이 에메랄드빛 바다 위에 점점이 그림처럼 수많은 섬들이 장관이다. 세계 8대 불가사의로 손꼽힌다는 그 명성에 결코 손색이 없어 보인다.

선창에 들어서는 순간 그 경이로운 풍광이 우리를 압도한다. 5시간에 걸친 유람선 관광의 지루함이 일순간에 사라지는 느낌이다. Ti Top정상에서는 사방으로 펼쳐지는 천혜의 비경이 내내 뇌리에 새겨져 현기증이 날 정도다.

영화 〈인도차이나〉의 환상 같은 무대가 바로 우리 앞에 펼쳐져 있다. 유네스코가 지정한 세계문화 유산이라는 안내자의 설명이 구차해 보인다. 매혹 그 자체요 구름 위에 떠 있는 동양화 같다. 병풍처럼 둘러선 섬을 돌아가면 또 다른 그림이 떠 있고 섬 속에 또 섬이 이어진다.

우리나라 남해안의 아름다운 비경인 해금강이나 홍도가 여러 개 이어진 것 같다. 하롱베이 섬들 사이에서 배를 정박시키고 선상에서 밤을 보내는 여행 상품도 있다. 호반에 떠오른 달빛을 벗삼아 다금바리 회에다 가지고 간 팩 소주 한잔 곁들이면 흘러간 옛 노래가 절로 나올 것 같다.

베트남의 자부심 — 호치민

1975년 마지막 미군이 떠나고 공항청사의 꼭대기에 베트남 국기인 금성홍기가 올라가면서 20년에 걸친 항미전쟁은 막을 내렸다. 처음 까오방 성省 팍보의 밀림 속 기지에서 서른네 명의 무장선전대로 출발해 10년 뒤 디엔비엔푸에서 프랑스군을 궤멸시키고, 30년 뒤 화려한 자본주의 도시 사이공을 미군으로부터 접수함으로써 베트남 사회주의 공화국을 건설한 '호치민과 그의 사람들' 그들은 분명 베트남의 자부심이며 영웅일 것이다.

1941년 2월 8일 호치민은 31년의 해외 유랑을 마치고 중국 쪽 국경을 넘어 이곳 팍보에 왔다. 스무 살의 나이로 프랑스 상선을 타고 베트남 남부의 도시 사이공을 떠났던 그가 쉰한 살의 나이로 돌아왔을 때 그를 주목하는 사람은 아무도 없었다. 다섯 명의 동지와 수동식 타자기 가방을 들고 넘어온 그의 발걸음이 베트남의 역사를 바꿔놓은 것이다.

호치민은 동굴에서 베트남 역사를 쓰고 혁명의 전사를 양성했다. 베트남 해방 무장 선전대를 창설하고 천년 수도 하노이를 접수하면서 대통령에 선출되었다.

그의 한평생은 오직 조국의 독립과 평화였다. 1946년 9월 혁명 직후 호치민은 굶주린 동포를 위해 매주 하루씩 금식운동에 앞장섰다. 레닌계곡에서 낚시로 물고기를 잡았던 호치민은 대통령이 된 다음, 어느 날 생선요리를 먹고 '맛있다.' 고 한 후 계속 생선요리가 식탁에 올라오자 그 출처를 물었다. 그는 먼 지방의 농민들이 잡아 보낸다는 보고를 듣고 그날부터 그 생선을 먹지 않았다고 한다.

그는 평생 결혼하지 않았다. 결혼하게 되면 국가를 위해서 마음껏 일하는 데 지장이 있다고 생각했다. 자기가 죽은 후에는 화장하도록 유언을 했다. 죽어서 국민들로 하여금 불필요한 관심을 덜어주기 위한 배려였다고 한다. 그러나 그의 후계자들은 그의 유언을 잘 지키지는 못했다. 호 아저씨의 상반신은 호치민 영모 안에 방부처리되어 안치되어 있다. 하반신은 유언대로 화장되어 국민들 곁에 뿌려졌다.

호치민은 죽었지만 국민들의 가슴속에 영원히 살아 있다. 그들의 위대한 지도자요 검소한 영웅이다. 그는 베트남 국민의 불멸의 수호신으로 기억되기에 충분해 보인다.

그는 아무도 꿈꾸지 않았던 것을 꿈꾸었으며, 아무도 가지 않은 길을 넘어, 모두가 불가능하다고 생각했던 일을 해냈다. 아직껏 초강대국인 미국과 싸워 이긴 나라는 없었다. 그들만이 20년의 긴 전투를 통해서 강대국을 굴복시킨 것이다. 그들은 자부심이 매우 강하다. 모든 것이 호치민의 위대함이며 베트남의 힘이라고 생각한다. 그들의 자원이 발호하고 잠재된 능력이 깨어난다면 베트남은 무한한 가능성으로 세계인 앞에 나설 것이다.

바딘광장에서 본 Korean

베트남 북부의 중심 하노이, 그 중에서도 중심은 바딘광장이다. 호치민 영모와 호치민 관저, 박물관이 자리잡고 있고, 국회의 사당과 수상의 관저도 거기에 있다. 바딘광장에서 디엔비엔푸 거리를 따라가면 왼쪽으로 군대박물관이 있고 그 오른편의 가로 공원에는 레닌동상이 버티고 있다.

오늘도 바딘 광장을 중심으로 주요 관광지 또는 호텔이나 음식점에 한국인 관광객들로 붐비고 있다. 비행장에서부터 베트남 곳곳에 Korean의 달러가 대단한 위력을 떨치고 있다. '원 달러. 1달러만 주세요.'를 외치며 뒤틀린 팔을 내밀던 관광지 아이들의 모습이 이 시간까지도 자꾸만 어른거린다.

베트남 전투에 참여했던 우리로서 떳떳하고 당당하게 손을 내밀 수 있는가 생각해 보게 된다. 김대중 대통령의 '사과에 준하는' 발언과 함께 학교를 세우고 정부 차원의 지원을 아끼지 않는 나라는 한국뿐이었다는 말을 듣고 다소의 위안이 된다. 또 한때 우리나라 굴지의 재벌이었던 대우가 이 나라에 투자하고 건설해서 기여한 바는 대단하다고 한다. 그래서 우리나라에서는 범법자로 수배 중인 김우중 회장이 어느 나라 국가 원수보다 더 후한 예우를 받는다고 하니 묘한 기분이 든다.

요즈음 이곳에도 한류의 열풍이 대단하단다. 장동건, 이영애 하면 대단한 인기가 있다. 한국의 가수, 영화며 연속극이 그들을 매료시키고 있다. 전자제품하면 삼성, LG를 최고로 알아준다. 관광지마다 한국인의 달러가 그들의 관심을 끈다. 색깔만 좀 차이가 있을 뿐 같은 동양인으로 비슷한 면이 많다. 여러 면에서 여유가 있고 앞서가는 한국인들에게 관심도 많고 호감이 가는 것은 당연한지도 모른다.

하지만 우리는 한 번쯤 뒤돌아보아야 한다. 교만하고 사치스런 관광은 아닌가. 혹 그들에게 상처를 주는 일은 없는가. 한때 그들에게 참전을 통해서 큰 상처를 남겼던 국민으로서 다소라도 미안한 마음을 가지고 대해야 한다면 과민한 생각일까.

거리에 오토바이 물결이 넘친다. 차량 앞뒤로 미끄러지는 오토바이의 곡예는 예술에 가깝다. 그들은 무슨 생각을 하고 있을까. 한국인들을 좋아하고 동경하지만 어느 한구석엔 과거에 전쟁했던 따이한의 그림자가 어른거리지는 않을지 궁금하다.

7대 불가사의 앙코르 왓

1992년, 유네스코에 세계문화유산으로 지정되면서 세상에 많은 주목을 받게 된 앙코르 왕국, 동남아 최대의 유적지로 워낙 방대하게 산재해 있어서 하루에 사원들을 다 둘러보는 것은 거의 불가능하다. 웅장하고 거대한 돌멩이들, 섬세한 조각들은 인간이 만들었다는 믿기 어려운 위대한 건축물들이다. 이는 분명 우리를 경이, 아니 경악게 하는 위대한 유산으로 여겨진다. 그 많은 사원 중 가장 완벽한 걸작은 단연 앙코르 왓이다. 건축물이라기보다는 인간이 빚은 최고의 예술품이요, 신이 내린 선물이다.

1층은 미물계를, 2층은 인간계, 중앙 탑이 있는 3층은 천상계를 상징한다. 일반적으로 왕의 생전에는 신을 섬기는 사원의 역할을 하다가 사후에는 무덤으로 사용되었을 것으로 추측되는 앙코르 왓이다.

캄보디아 역사 중 9~15세기를 앙코르 시기라고 한다. 9세기 초 자야 바르만 2세는 자신을 우주의 지배자로 명명하면서 왕과 신이 일치한다는 신왕사상을 주장한다. 그 후 수리야 바르만 2세 (1113~1150년)는 크메르의 위대한 왕 중의 한 명으로 앙코르 유적 중 가장 유명한 앙코르 왓을 건설한다.

65m 높이 건물의 맨 위층인 3층에는 중앙과 각 코너에 하나씩 십자형 모양으로 각 층마다 외부회랑이 있는데 거기에 그 시대의 역사와 치적들이 조각으로 표현되어 있다. 한마디로 '돌로 만든 우주의 모형'이다. 외벽은 약 200m의 폭을 지닌 해자로 둘러싸여 있다. 성벽의 전체 길이는 5.5km이고 입구에서 해자 위에 연결되어 있는 다리의 전체 길이는 약 250m이다. 다리는 폭 12m, 두께 5m의 사암으로 만들어져 있다. 이토록 거대한 규모로 인해 후대 사람들은 앙코르 왓이 인간에 의해 만들어진 게 아니고 신의 조화로 만들어 졌다고 믿고 있는 것이다.

지금부터 800여 년 전에 150,000마리의 코끼리와 수많은 인력을 동원해서 37년 대역사 끝에 축조됐다는 이 걸작품 앞에 우리는 숙연해지지 않을 수 없다. 일부 훼손된 부분을 프랑스 기술진이 심혈을 기울여 정성을 다해 복원했으나 원형과 차이가 많이 난다고 하여 일본 기술진이 다시 복원하고 있다. 그것도 한 조각 한 조각 몇 년 걸릴지 알 수 없다고 한다. 현대 과학과 문명의 이기를 동원한다고 해도 이 완벽한 예술품을 새로 완성하려면 100년은 족히 걸릴 것이라고 과학자들이 예측하고 있다. 하니 한 번 상상해보라. 아무튼 신이 주신 위대한 문화유산을 한 번 잠시 둘러보고 섣불리 논하는 것은 경솔한 일일 것이다. 3층 천상계에 올라 하늘을 올려다보고 땅을 내려다보며, 그리고 세상을 들여다보며 800년 역사 속에 묻힌 인생의 무상함에 절로 고개가 숙여진다.

행복지수

유적지 곳곳에서 1달러를 외치는 맨발의 아이들이 천연스럽기만 하다. 이들의 조상들이 언제 지구상에서 이처럼 빼어난 문화유산을 누리고 살았을까 믿겨지지 않는다. 〈킬링필드〉 영화 때문에 더 잘 알려진 캄보디아, 800만 인구 중에 무려 200만 명이 처형되고 학살되었다는 가까운 역사가 있지만, 관광객을 대하는 그들의 어느 구석에도 피로 얼룩진 어둠의 그늘을 쉽게 찾아볼 수 없다.

바이칼 호수 다음으로 크다는 톤레샵 호수로 가는 길 주변에서 많은 그곳 사람들을 접하게 된다. 퀴퀴한 냄새가 진동을 해서 머리가 아프고 속이 매스껍고 울렁거린다. 원두막처럼 생긴 단칸 움막에 아이들이 우굴거린다. 코를 감당하기 힘든 냄새 속에 파리 떼가 그들의 입가를 파고들지만 태연해 보인다. 걱정도 근심도 없는 것일까.

캄보디아는 전형적인 불교 국가다. 95%가 소승불교를 신봉하는 불교의 나라다. 그들은 내세를 믿는다. 현실세계에 다소의 불편한 점이 있더라도 다음 세상에서의 더 큰 평안과 여유를 믿으며 참아내고 있다. 현세에 어렵고 힘든 사람일수록 내세에서는 더 큰 여유와 행복이 온다고 믿고 있는 것이다. 그래서 현실에 만족하고 불평하지 않으며 열심히 살아간다. 그렇지 않고서야 그리 태연할 수 있단 말인가.

어느 통계에 의하면 방글라데시를 비롯한 캄보디아 등 이들 저개발 국가들이 행복지수가 높은 나라로 되어 있다. 부유한 선진국 국민들이 이들 국민보다 행복하지 못하다고 한다면 무슨 조화인가.

어느 호숫가에서 아리랑, 산토끼, 송아지, 학교종 등 우리나라 노래를 그럴듯하게 부르며 1달러를 외치던 어느 가냘픈 소녀의 천진난만한 미소가 아직껏 뇌리에서 지워지지 않는다.

뿌리 깊은 나무

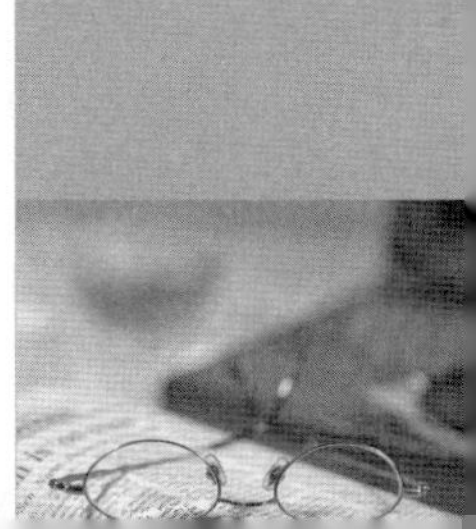

백일홍

샘이라면 물이 있고, 나무라면 뿌리가 있듯이 우리에게는 훌륭한 조상들이 계신다. 정읍시 태인면 서재부락 언덕받이에 200여 년이 넘어 보이는 고풍스런 백일홍이 화려하게 위용을 뽐내고 있다. 그 안에 선조의 위업을 기리고 기념하는 사당이 자리하고 있다. 바로 학동박씨의 역사를 대표하는 서현사다. 전라북도 문화재 기념물 48호로 등록되어 있기도 하다.

이 사당은 북면, 태인면, 정우면을 중심으로 순천박씨 문숙공파의 참의공 후손들이 널리 퍼져서 풍요롭고, 여유 있게 그리고 열심히 살고 있다.

뿌리 깊은 나무 1

모든 나무는 그 뿌리가 깊고 튼튼해야 한다. 그래야 큰 비, 바람에도 끄덕없이 이겨낸다. 척박한 모양이나 모진 가뭄에서도 잘 견디어 낸다.

요즈음 우리 주위에는 뿌리 없는 아이들이 많아 보인다. 자기 선조들이 어떤 분인지, 어떻게 살다 가셨는지 관심이 적은 것 같다.

이 힘들고 어려운 세상에 조상 잘 섬긴다고 밥이 나오냐, 돈이 나오냐고 할지도 모른다. 하지만 잘 생각해 볼 일이다. 그렇게 간단한 문제가 아니기에 말이다.

요즈음 너나없이 자식교육에 정성이다. 유아 교육, 유치원 · 초등학교 교육, 보충수업, 자율 학습 등으로 중 · 고등학교에 가도 나아질 게 없다. 대학을 나와도 취업전쟁은 끝나질 않는다. 어느 날 정신없이 사회생활을 하다가 깨닫게 된다. 가족, 친구, 사회생활, 인간관계 등 더불어 사는 삶 등 우리들 자신의 뿌리가 정말로 허약하다는 것을. 협동심, 예의범절이 사라져가고 있다. 상급학교에 갈수록 차례 지키기나 질서, 교통, 공중도덕을 지키는 의식이 희박해진다. 어른을 공경하고 가족, 조상을 사랑하는 마음이 사라져간다. 참을성이나 인내심, 책임감이 도대체 없어 보인다.

한마디로 우리 사회의 기풍이 뿌리째 흔들리고 방황하는 것 같아 일선 교육자로서 편하지가 않다.

나는 요즈음 가족력에 대해 관심을 가지고 공부한다. 족보라고 하면 어렵고 복잡해서 골치부터 아프다고 생각해서 깊이 새겨 보지 못했다. 그러나 아들, 딸이 장성하고 나이가 들게 되니 그동안 소홀했던 게 몹시 부끄럽게 생각되었다.

학교 다닐 때 사육신의 충절을 배우면서 박팽년님이 우리 순천박씨의 선조였다는 사실을 까막득히 몰랐다. 인조반정의 공신인 박원종님이 선친이었다는 사실도 나중에야 알게 되었다. TV의 연속사극에서 우리 순천박씨의 중시조이신 고려 개국공신 박영규님께서 활약할 때는 크나큰 자부심으로 자리한 것은 수년 전의 일이다.

학교 때 역사시간에 좀 일찍 알았더라면 어린 마음에 존경과 크나큰 자부심으로, 큰 꿈과 희망을 새겼으리라는 아쉬움이 크다. 가족의 소중함도 일깨우고 가족사랑, 나라사랑을 실천하는 기본으로 삼는다면 더욱 존경받는 부모가 되지 않았을까?

뿌리 교육의 중요성을 간과해서는 안 된다. 우리 가계를 더듬어 보고 그 뿌리를 찾아서 근본을 세우는 일은 중요한 일이다. 흐트러진 사회의 질서를 바로잡고 우리 것을 소중히 여기는 지혜가 절실히 필요한 때다. 가정과 학교에서 우리 것을 소중하게 가르치고 교육한다면 우리의 앞날은 밝게 빛날 것이다. 뿌리 깊은 나무는 심한 비, 바람이나 어려움도 잘 극복하고 훌륭한 열매를 맺는다.

뿌리 깊은 나무 2

신라의 시조인 혁거세왕이 박씨라는 성을 갖게 된 이후로 몇 세를 내려와 경명왕에 이르러 8인의 왕자를 두었다. 이들을 각 주와 군에 분봉하니 강남군 휘 언지는 8왕자 중 6번째 왕대군이었다.

그 뒤 고려조에 이르러 휘 영규英規가 태조를 도와 신검을 토벌하여 공을 세워 개국공신 삼중대왕으로 평양군에 책봉되니 평양군은 곧 호남의 순천이다. 자손이 이곳 순천에 세습하여 봉해져서 관향을 삼게 된다. 이것이 곧 순천박씨가 계승해오는 터전이 되었다. 후손인 휘 난봉은 고려 정승을 지냈고, 필자에게 22세조 되는 휘 숙정에 이르니 이분이 바로 비조鼻祖가 된다.

공은 고려조에 벼슬이 보문각 대제학에 이르렀다. 21세조에 휘 원용은 점교 이부시랑이었고 20세조에 휘 천상은 고려 공민왕조에 무과에 합격하여 도첨의 시중 평양 부원군을 지냈다. 이태조가 조선을 개국하려 할 때 포은 정몽주 선생과 함께 목숨을 바쳐 절의를 지켰다. 18세조인 휘 석명은 조선조에 들어 좌 명훈에 책봉되니 벼슬이 자헌대부 집현전 대제학 평양 부원군이요 승록대부 의정부 좌찬성에 추증되었으며 시호는 문숙공이다. 17세조 휘 거소는 봉열대부 돈녕부사요, 16세조 휘 중선은 무과에 장원으로 급제하여 벼슬이 승록대부 판돈녕 부사 겸 이조판서 평양군에 이르렀고, 의정부 영의정에 추증되었다. 15세조인 휘 원종은 무과에 급제하여 강원, 경기 관찰사를 지냈고, 혼군을 폐위시키고 성군을 도와 정국일등공신에 책봉되었다. 의정부 평성부 원군에 이르고 시호는 충렬공에 추증되어 중종임금의 사당에 배향되었다. 14세조 휘 운은 대호군으로서 정국원종훈에 책봉되었다. 13세조인 휘 문효는 벼슬이 종묘서직장이니 공이 임진왜란 때에 용만에 선조임금을 모시고 갔고, 자신은 송악산 아래에서 순절하니 이 일이 ≪임진일기≫에 실려 있다. 이조참의에 추증되고 정읍시 태인면 서재 마을 서현사에 제향되었다.

우리 선조들의 위업은 매우 화려하며, 국가를 위해서 가문을 위해서 열심히 살아온 분들이 기라성 같다.

나라를 세우는 데 초석이 되었고 어려운 나라, 위기의 국가를 구하는 데 목숨을 아끼지 않는 충절을 보여주고 있다. 우리 후손들은 이 거룩한 뜻을 본받아 국가가 가야 할 모든 일에 열심히 봉사하고, 가문의 영광을 위해서도 몸과 마음을 다 바쳐 신명을 다해야 할 것이다.

송 할머님의 낙향

부인인 증 숙부인은 진천송씨이고, 진사인 송만필의 딸이다. 삼종(三從 : 어려서는 부모를, 결혼해서는 남편을, 남편이 죽은 뒤에는 아들을 좇는 여자의 도리)의 도리를 중히 여겼으며 더구나 사육신에 참여했던 분과 한 집안으로 재앙이 그치지 않으니, 조상의 대(서)를 이어야 하지 않겠는가? 늙은 계집종 하나와 여섯 살 난 아들을 거느리고 온갖 고난을 다 겪으면서 남하하여 태인현 서촌에 이르러 머물게 되니 오늘날의 태인면 서재 마을(북면 학동과 인접)이다. 거처한 곳은 옛 상공이 조세를 받고 남에게 주었던 농막이었다. 외로이 고생스러운 삶을 이어 나가다가 문득 남편이 적에게 변을 당했다는 소식을 듣고 통곡하여 기절하였다. 정신을 가다듬고서 노비에게 어린 아들을 부탁하고 조용히 자결하여 그 열부의 도리를 다했으며 부군의 충의에 보답하였다. 당시에 왜란으로 인하여 길이 막혔기 때문에 부인의 시신을 공(휘 박문효)의 묘에 합장하지 못하고 정읍시 학동 목과동(목개월) 언덕에 안치하였다.

아들 충기님이 점차 장성하여 세업을 이루고 아들 예호님을 낳으셨다. 예호님은 두 아들을 두셨는데, 맏이인 사인은 벼슬이 장악원정이고 둘째인 사의는 벼슬이 동충추다. 그 후 자손들이 번성하여 오늘날 학동, 서재를 중심으로 융성해 왔다. 일부에서 학동박씨라 부르기도 한다.

공의 포상문제가 조정에서 계속 거론되고 선비들의 상소가 계속되니 나라에서는 공의 충의를 기려 태인 서재 마을에 사당을 세우고 부인의 열의를 드러내 정려문을 세우니 이름 하여 서현사西峴祠다.

오늘날 서현사는 200여 년 된 백일홍 나무 여러 그루가 에워싸고 있어 조상의 충절과 빛나는 얼을 되새기고 있다. 또 전라북도 문화제 기념물 제48호로 지정되어 인근 지역에서 그 높은 뜻을 기리고 추모하고 있다.

오늘도 고풍스런 백일홍이 그 화려한 아름다움으로 선조들의 위업을 새기고 있다.

※ 서현사 – 전라북도 문화재기념물 제48호

순천자順天者

하늘의 뜻에 따르라. 순천자順天者는 흥하고, 역천자逆天者는 망한다. ≪명심보감明心寶鑑≫ 천명편天命篇에 나오는 명언 중에 하나다.

농부가 봄에 밭을 갈고 씨앗을 뿌리며 가을이면 어김없이 그 열매를 거두어들인다. 강남갔던 제비가 돌아오고 수많은 철새들이 계절을 따라 오고 간다. 이 오묘한 자연의 섭리 앞에 겸손해야 한다. 아름다운 자연이 파괴되고 인간성이 무너짐으로써 인류에 무서운 재앙으로 다가섬을 우리는 잘 알고 있다.

우리 사회에 억지를 쓰는 사람이 더러 있다. 반대를 위한 반대라든가 상대 쪽 사람의 의견을 일단 반대해 보는 습성이 있다. 이 부정적 사고를 가진 자들에게는 세상이 늘 좋아 보이지 않는다. 불만이 가득하고 짜증스러워 보인다. 청명한 무지개하늘도 삭막하고,

공허한 메아리로만 보인다. 따스하고 온정 있는 이웃의 정다운 미소도, 빈정거리고 부질없는 그리고 오만한 웃음으로만 보인다.

세상이 갈수록 복잡하고 어려워진다. 편리해지고 빨라지고 호화로움이 극치를 이룬다. 한편은 삭막한 자연 앞에 각박한 민심이며 재앙이 끊이질 않고 이어진다.

순리대로 살아야 한다. 역사를 거꾸로 돌리려고 하면 엄청난 저항에 부딪힌다. 잘 흐르는 물을 역류시키거나 산허리를 자르고, 깎아 없애면 이 땅은 황폐화되고 언젠가 대재앙으로 우리 앞에 다가선다. 하늘의 뜻대로 사는 것이 순리다. 물 흐르듯이 도도하게 자연의 섭리대로 살아가는 길이 順天者이다.

나의 태어남은 근본이 順天이요, 바로 順天人이다. 그리고 소시민으로 평범하게 살아가는 順天者가 될 것이다.

종묘서직장宗廟署直長

휘 박문효님은 1567년 태어나 선조 조(1590년)에 종묘서직장이 되셨다. 이분이 나의 13대 할아버지시다. 임진왜란으로 경상, 전라의 많은 곳이 왜군에 들어가고 한양에 이르니 급기야 선조대왕께서는 강화도(용만)로 피난하게 된다.

임금님을 모시는 공은 스스로 목숨을 바칠 것을 각오하고 조상의 사당에 통곡하며 부인 송씨에게 작별을 고하며 말한다. "우리 집안이 대대로 나라의 은혜를 입었으니 그 만분의 일이라도 갚을 때입니다. 국난을 만나 사직이 위태롭고 임금님이 몽진을 하게 되니 이는 신하된 자로서 나라를 위해 목숨을 내놓을 때입니다. 이제 내가 떠나면 언제 죽을지 모릅니다. 다행히 우리에게 어린 아들이 있으니 잘 키워서 대를 잇게 해주시오."

다음 해 임금님 일행이 도성(한양)에 돌아올 적에 송악에 이르러 문득 적병들이 나타나자 공이 욕을 퍼부으며 굽힘없이 말하기를 "죽어야 할 곳에 이르렀으니 어찌 한 발짝인들 물러나 살기를 바라겠느냐?"하고 몸을 날려 말에 올라 진격함에 왜병 여럿의 목을 베고 자신도 또한 적의 화살에 맞아 피를 흘리고 운명하니 때는 1593년, 겨우 스물여섯 살이었다. 이 사실은 〈용만일기〉에 실려 있다. 젊은 나이에 미관말직으로서 그처럼 장한 일을 해냈다는 소식이 행조(좌천되어 있는 조정)에 알려지자 왕은 공에 대하여 이조참의를 추증하도록 명했고, 공의 시신은 양주 도산의 선영에 안치되었다.

못다 한 여행

나는 많은 여행을 해왔다. 초등학교 때 소풍부터 시작해서 수학여행, 가족이나 친구끼리 모임에서 단체로 여행하고 박물관, 사적지, 고사찰 등 전국의 많은 명승지를 돌아보곤 했다. 교육부의 추천으로 해외 몇 나라를 돌아보기도 했다. 이제와 돌아보니 꼭 가보아야 할 곳이 남아 있다. 그 중에 한곳이 나의 뇌리를 떠나지 않는다. 그동안 바쁘게 살아왔다지만 또 그럴만한 여유나, 시간적으로 맞지 않았다고 생각할지 모르지만 아쉬움이 앞선다.

시조 왕 휘 박혁거세님의 큰 제사는 경주 왕릉에서 매년 봄에 봉행된다고 들어왔다. 종친에 대한 관심이 부족하고, 기회가 잘 닿지 않아서인지 지금껏 무관심하게 살아왔다. 전국의 많은 곳을 다니고 좋은 관광지를 여러 차례 다니기도 했지만 정작 시조 왕의 중요한 행사를 챙긴 적이 한 번도 없었다. 나의 이름이 '삼규', '규'자항렬이니 시조 왕의 62세 손이다. 시조 왕으로부터 몇 세世를 내려와 경명왕에 이르러 8인의 왕자를 두었는데 이들을 각 주와 군에 분봉 하여 강남군은 (휘, 언지) 8왕자 중 6번째 대군이다. 그 뒤 고려조에 이르러 휘 영규英規가 태조를 도와 신검을 토벌하고 공을 세워 개국 공신 삼중대왕으로 평양군에 책봉되니 평양은 곧 화남의 순천이다. 자손이 이곳 순천에 세습하여 봉해져서 이로 인해 관향을 삼으니 이는 곧 순천박씨가 누대 계승해 나온 터전이 되었다.

이러한 가족력을 자세히 알고 보니 순천박씨라고 하는 자 순천에 있는 옛 조상님을 그 터전을 한 번도 찾아뵙지 못함이 송구스러울 뿐이다. 이제 정말로 시간을 내어서 그분들의 위업을 찾아뵙고 많은 것을 가슴에 새길 것이라 다짐한다. 아직 이곳 저곳 가볼 곳도 많다. 그 중에 선조들의 위업이 서려 있는 곳들을 한 번씩이라도 성묘해 보리라 다짐해 본다. 선조들의 빛난 얼을 되새겨 보고 그들의 위대한 삶과 드높은 정신을 본받아야 할 것이다. 자식들에게 우리의 뿌리는 어디이며, 발자취는 어떠했으며, 그들의 삶이 우리에게 무엇을 의미하는가를 말해 주어야 했다. 이야말로 요즈음 뿌리 없는 교육, 국적 없는 교육이라는 얘기가 많은데 깊이 새겨 볼 만한 얘기다.

영성의 생활

생활(삶)의 발견

사회가 복잡 다난하다. 지구촌 곳곳에 대재앙이 끊이지 않고 있다. global시대를 맞아 세계는 하나다. 기름값이 오르면 같이 걱정해야 하고 곡물 값이 폭등하면 모든 나라들이 같이 염려해야 한다. 모든 환경오염이 우리나라만의 문제가 아니다. 세계 곳곳에 어려운 일들이 어지럽게 펼쳐져 있다. 지구촌에 험난한 미래가 다가오고 있는 것이다. 인간의 편리성과 수월성을 위해서 개발하고 파헤치고 닦아온 문명의 이기들이 오늘날 역으로 우리를 공격하며 옥죄어 오고 있다. 무분별한 개발이 가져온 기상이변 등 대재앙이 끊이지 않고 국가 간 분쟁으로 조용할 날이 없다. 기아선상에서 죽어가는 국민들이 이만 저만이 아니다. 각종 난치병, 정신질환이 늘어나고 있다.

이러한 각박한 사회에 약육강식만이 판을 치는 세상에 사회질서

나 기본이 바로 서기가 어렵다. 더불어 사는 사회의 규범이 흔들린다. 각종 범죄가 늘어나고 민초들의 삶은 고달파진다. 가진 자들이라고 편안히 살 수 있는 게 아니다. 선진국 자살률이 후진국보다 더 높다. 반면에 행복지수는 후진국이 훨씬 더 높다는 사실은 이를 증명한다.

물질만능주의 승자독식의 사회에서 삶의 의미, 가치 찾기의 길은 더 어려운 일일 수 있다. 먹고 마시고 즐기는 것만이 삶의 전부가 아니다. 그 끝은 가끔씩 무미건조하고 허무한 생각으로 빠져들곤 한다. 그래서 삶의 의미를, 본류를 찾아 헤매는 사람들이 늘어나는지도 모른다. 이게 사는 것인가, 내가 잘 살아왔나? 많은 혼란과 어려움 속에서 무엇으로 사나 고민하지 않을 수 없다. 죽음은 무얼까, 끝인가 시작인가 번민은 계속된다. 오늘날 영적인 생활을 추구하는 사람들이 자꾸만 늘어가고 있다. 마음의 평화와 정신적 안정을 도모해주는 묘약이 어디에 있을까. 인간의 삶의 의미와 최고의 선이 어디에 있는 것일까. 나약해진 인간의 마음을 혼란스럽게 한다.

나라 안팎으로 행복을, 미래를 추구하는 신앙인들이 늘어나는 이유도 여기에 있는 것 같다. 내 고단한 삶의 휴식처는 어디인가. 내 마음의 안정과 평화는 어디에서 찾을 것인가. 살아온 길, 현재 내가 가는 길은 영예로운 길인가. 그러기 위해서 앞으로 내 삶을 어떻게 열어가야 할 것인가 생각해 본다.

면죄부

본시 중세 로마교회에는 일정한 선행을 쌓은 신도에게 교황의 권한으로 모든 죄를 용서하는 면죄부 제도가 있었다. 그러나 중세 말기에 교회의 타락이 심해지면서 금전이나 재물을 바치는 사람에게 그 죄를 면한다는 증서를 발행했다. 교황 레오 3세가 시작하여 대대로 교회 운영재원으로 상품화하였으나 15세기 말기에는 대량으로 발행하여 마틴 루터의 비판을 일으켜 종교개혁의 실마리가 되었다.

나라의 발전과 아울러 민주주의도 많은 변화와 성장을 거듭해 왔다. 더불어 종교도 외형적으로 내면적으로 또 영적으로 많은 변화와 융성을 거듭해 왔다. 자고 나면 우뚝 우뚝 솟아나는 교회를 보게 된다. 국가 발전과 더불어 기독교의 성장도 그 이상으로 이어오고 있다. 어쩌면 기독교가 이 나라의 변화와 발전에 기여한 바 어느 무엇보다 크다고 해도 과언은 아닐 것이다. 이곳저곳 우후죽순처럼 솟아 있는 교회는 우리 사회에 발전과 성장의 동력으로 기여해 온 것을 그대로 보여주고 있다.

그러나 이제 그 외형 성장 못지않게 정신적 내면적 충실이 더 많이 요구되고 있다. 사회질서가 혼탁하고 황금만능주의 악습들이 팽배해가고 있다. 이러한 어려운 사회에 기독교가 동화되면서 자정 능력이 약해진 것은 아닌지.

범법이나 죄는 반복되면 쌓여간다. 시간이 지난다고 적어지거나 소멸되는 것이 아니다. 세상을 좀먹고 파괴하고 혼탁하게 할 뿐이다.

우리의 삶은 부단히 잘못을 반성하고 수양하고 다시는 되풀이하지 않겠다는 다짐을 하면서 살아간다. 또 꾸준히 선행을 쌓아서 밝은 사회를 이루고 생활에 윤활유가 되어서 다뜻하고 아름다운 사회를 만드는 것이다. 또는 종교적 뜻을 이루고 영성의 생활을 영위한다.

헌금하고 회개하는 것만으로 죄가 감해지거나 소멸될 수 있을까. 자칫 회개하고 헌금을 반복하면서 그 가벼워진 마음에 같은 잘못을 반복하는 것은 아닌지. 반복하다 보면 잘못에 대한 반성이나 생각이 무디어질 수도 있다. 이것이 사회 전반에 도덕적 해이나 이완을 가져올 수도 있다.

끈임없이 일어나는 범죄, 대형 사건들, 비리, 부도덕한 일들, 많은 사람들에게 억울함을 주는 일들 모두가 반복해서 일어나고 있다.

이 사회는 시간이 흐름에 따라서 정화되어가고 깨끗해지고 있다. 반면에 새로운 범죄와 복잡하고 어려운 사건들이 끊임없이 반복된다.

잘못이나 죄는 지을수록 쌓이고, 쌓이면 더 큰 죄로 발전한다. 쉽게 감소하거나 소멸되어지는 것이 아님을 명심해야 한다. 돈으로 사고파는 게 아니다. 끊임없는 반성과 회개, 착한 일들이 쌓이고 쌓여서 그 일부나마 사면된다는 사실을 유념해야 한다. 면죄부가 남발되어서는 안 된다. 그 의미를 다시 새겨보고 정립해 나가야 한다.

둔자의 기도

뿌린 만큼 거두고
가꾼 만큼
누리게 하소서

착하고 어진 자에
지혜를
따뜻한 자에 미소를
뿌려 주소서

어두운 곳에 빛을
소외된 자리에
온기를 주옵소서

어려운 자에 희망을
텅 빈 영혼에
한없는 은총을
내려 주소서.

신앙은 목표가 아닌 생활

전 세계에는 많은 종교가 있고 그와 더불어 살아가고 있다. 지구촌에 66억이 넘는 인구가 살고 있다. 2009년 통계에 의하면 85%의 세상 사람들이 어떤 종교이든 한 가지의 종파에 속해서 그 속에서 신앙생활을 하며 살아가고 있다. 기독교(천주교 포함)신자가 21억, 이슬람교 15억, 힌두교 10억, 불교 7.5억 명 등. 그밖에 나라별로 소수 종교들도 많이 있다. 무종교 무신앙을 나타내는 수치는 15%로 생각보다 적어 보인다.

세상을 살아가면서 '나' 또는 자기 자신도 중요하지면 '절대자' 또는 신을 생각하며 믿고 의지하며 살아가는 사람이 많다는 것이다. 유신론자가 무신론자보다 훨씬 더 많다는 것을 보여주고 있다.

그 어떤 권세와 부유함도 죽음 앞에는 초라한 나그네일지도 모른다. 7~80평생을 살아가며 인간은 무엇을 위해서 사는가, 누구를 위해서 싸우고 발버둥치는가 돌아보기도 한다. 그 무엇보다 소중한 것은 '나' 자신일 것이다. 그러나 생각해보라. 가끔씩 참으로 미약한 존재임을 부인할 수 없다. 나야말로 어느 것 하나 자유롭지 못하다는 것을 알게 된다. 사랑과 증오, 질병과 고통, 전쟁과 투쟁이 무엇일까. 사는 게 궁극적으로 무엇이며 죽음의 끝은 어디인가 궁금하기도 하다.

겸손과 자비, 사랑 그 어느 것도 인간의 원천적인 그 무엇을 쉽사리 충족시켜 주기는 어려울 것이다. 어느 유명 시인은 신은 죽었다고 말하지 않았던가. 지금도 싸우는 국가 간의 전쟁이 많은 부분 종교전쟁이라고 하지 않던가. 그래서 지구촌은 바람 잘 날이 없고 힘들고 어렵게 되어 가고 있다. 전쟁과 기아, 지진과 환경재앙, 신종 질병, 나아가 인간의 끝없는 탐욕 등 인류의 한계를 넘나들고 있다. 그래서 삶에 대한 회의와 번민, 자아의 상실에서 벗어나 자신을 지키고 세상을 지키는 빛이요 구원자를 찾을 수도 있다. 거칠고 황량한 벌판에서 지친 심신의 안녕과 평화를 위해서 허한 영혼을 달래기 위하여 인간은 그 무엇을 찾아 헤매는지도 모른다. 지극히 자연스럽고 평범한 일상생활에 참신앙의 길이 있을 것 같다.

손찌검

나의 절친한 교우 중에 K교사가 있다. 사회의 격동기에는 변화와 개혁의 일선에서 아픔을 같이한 적도 있다. 이제 중견교사로서 긍지와 자부심으로 열심히 살아온 논리 정연한 교육자라 해도 과찬이 아닐 것이다. 그는 매사에 신중한 편이다. 쉽게 서두르지 않고 느긋한 성품이다. 그런 그가 교육현장에서 견디기 힘들었던 일을 털어놓은 적이 있다.

차분하고 이성적인 그였지만 순간적으로 큰 실수를 저지른 것이다. 요즈음 학생들을 말하자면 거칠고 반항적인 아이들이 있다. 또 게으르고 무신경한 아이들, 경솔하고 버릇없이 덤벙대는 아이 등 다양하다. 물론 착하고 성실하며 예의 바르고 총명한 아이들이 더 많겠지만.

그런데 일선에서 학생으로서 지나친 행동이 상상을 뛰어넘을 때

당황스럽고 흥분이 돼서 평상심을 잃을 때도 있다. 그가 분노를 참지 못하고 순간적으로 한 학생의 귀싸대기를 친 것이다. 감정이 격해서 가한 만큼 충격이 컸던지 그 학생의 고막이 터지면서 일이 커지고 말았다. 아차! 이 손찌검은 그의 교직생활에서 처음이며 마지막 오점인지도 모른다.

그 순간부터 교사로서 견디기 어려운 수모를 겪어야만 했다. 학생 아버지의 술주정 소리를 들어주어야만 했고 아이의 잘못은 안중에도 없이 막무가내로 쏟아내는 어머니의 원성이 그의 가슴을 파고들었다. 후회와 자책이 뒤범벅되어 그의 마음을 아프게 했다. 내가 세간에서 얘기하는 그 폭력교사인가. 내가 그렇게 큰 실수를 저지른 것인가. 돼새겨 보기도 했다. 교육에 애정을 가지고 수십 년을 생활해 온 그였다. 실수한 것은 사실이다. 하지만 여기서 불명예스럽게 허무하게 무너질 수는 없는 그였다.

학부모와 부딪혀가면서 여러 이야기도 나누고 설득도 했다. 날마다 학생을 병원에 태우고 다니며 진료도 시켰다. 그러면서 그는 많은 것을 겪고 또 배우게 되었다. 많은 어려움과 자괴감을 감수해야만 했다. 또 중견교육자로서 살아온 긍지와 자신감은 사라지고 교사로서의 무력감이 오래도록 그의 뇌리를 떠나지 않았단다.

최근 그는 교육의 길을 접고 다른 길을 모색 중이다. 이유야 여러 가지가 있겠지만 한때의 그 사건이 지금도 그의 뇌리에 남아 있을 것이다. 교사로서 당당한 대접을 받기는커녕 내동댕이쳐지는 현실에서 그의 크나큰 상처는 교직과의 인연을 빨리 떨쳐버리게 했을지도 모른다.

목총

오래전 일이다. 내가 교직 초창기에 있었던 일이니까. 당시 고등학교 1학년 담임을 하고 있을 때였다. 우리 반의 한 학생이 여러 차례 주의와 당부에도 불구하고 나를 화나게 했다. 어느 순간 극도로 흥분한 내가 주변에 있는 목총을 들고 뛰쳐나갔다. 순간적이었다. 그 학생을 혼내주겠다는 일념뿐이었다. 그 순간 갑자기 누군가가 내 손목과 목총을 꽉 잡고 소리치는 것이었다. 안 돼! 이것 놔! 이것은 내 교재야! 하며 강력히 제지했다. 사고나면 자네 죽고 나도 다쳐! 하면서 나를 달랬다. 그 선생님은 다름 아닌 장형뻘 되는 교련선생님이셨다.

지금도 생각하면 얼마나 고마우신 분인지 모를 일이다. 당시 70년대에는 교련시간이 엄격히 실시되던 때라 교내에 목총이 많이 있었다. 학생 전체가 목총을 들고 훈련을 받고 행사도 하던 때의 이야기이다. 부러진 목총, 지금도 잊히지 않는 추억으로 남아 있다.

벽돌 한 장의 추억

구불구불 골목길을 따라 교정을 들어섰을 때가 엊그제 같습니다. 중학교 본관 2층이 올라가고 있던 때로 기억됩니다. 많지 않은 선생님과 학생들이 합심해서 봉사활동을 하곤 했습니다. 내장사 가는 큰길에서 학교 건축자재인 철근을 나르기도 했지요. 여린 고사리 손에 물집이 나고 어깨가 무너지는 것 같던 추억이 어른거립니다. 교실 공사 끝에 바닥 마모작업을 해본 것도 그것이 처음이자 마지막 추억으로 남습니다. 교정에 나무를 심는다고 곡괭이질을 했던 기억이 떠오르기도 합니다. 오늘날 중·고등학교 40여 반의 맘모스 학교로 성장한 것을 보면 가슴이 뿌듯하기도 하지요. 물 불 안 가리고 젊음으로 뛰었던 그 시절이 주마등처럼 스쳐갑니다. 그들의 열정과 함성이 교정의 곳곳에 배여 나오는 듯합니다. 영어경시대회에서 전라북도 100여 개 출전 중학교 중에서 최우수상을 타게 되었을 때는 모든 학생들과 학교의 영광이기도 했습니다.

학교 분규가 났을 때는 모두가 정말 힘들고 가슴 아파하던 시기였습니다. 갈등과 변화의 용트림으로 힘겹고 어려운 시련을 잘 극복해냈습니다. 우리 교육의 길은 참으로 쉽지 않습니다. 사도의 길은 더 어렵고 힘들지도 모릅니다. 이 까다로운 난제는 앞으로도 계속될 것입니다.

이제 그 많은 세월이 흘렀습니다. 빈자리 어딘가에 조그만 벽돌 한 장을 올린 기분입니다. 지나온 족적이 희미한 그림자에 부끄러움과 아쉬움으로 점철되곤 합니다. 새로운 도전은 계속되겠지요. 학산 중 · 고등학교는 꾸준히 그리고 새롭게 정진해 나아가야 합니다. 학생 여러분과 후배 선생님들의 몫으로 남겨두고 떠납니다.

묵제학원 김수엽 이사장님은 좋은 분입니다. 더 큰 도약을 위해서 모두 합심 노력해서 정읍의 명문사학으로 우뚝 서서 길이 빛나기를 기원합니다.

그동안 감사합니다. 고마웠습니다. 부모님께서 건강하게 물려주신 몸과 마음을 한때 소홀히 해서 원자력병원 지하 막장까지 경험했습니다. 민둥머리로 세상을 보며 많은 것을 깨닫고 배우기도 했습니다. 그러나 여러분께서 잘 지켜 주셨습니다. 함께했던 교육가족들, 여러 친구들 오래도록 기억할 것입니다. 특별히 바르게 성실하게 살라고 하셨던 부모님의 말씀에 한없는 경의를 표합니다. 그리고 사랑하는 나의 가족들 헌신적인 내조를 아끼지 않았던 아내에게 장미꽃 한 아름을 안겨 드립니다.

좋은 선생님, 기억에 남는 스승으로 남고자 했습니다. 좋은 선배로 본받을 만한 형님으로 기억되고자 했습니다. 그리움 가득 안고 편안한 마음으로 자리를 비우려 합니다.

— 정년퇴임 기념 여행 중에 —

※ 2011. 8. 40년 교직생활을 마치며

아양산 산행 클럽

아양산은 정읍시의 중심이 되는 산이다. 198m 높이로 내장산에서 뻗어내린 산줄기가 이곳 아양산(애산)으로 이어지고 다시 초산 망상봉, 국지봉으로 연결된다. 산 동쪽에 아이들을 묻던 아장터가 있었다 하여 애산哀山이라고도 불린다. 그 아래쪽으로 백제가요인 정읍사를 기리는 공원이 자리하고 있다.

평소 정읍을 사랑하고 아양산을 좋아하는 지우들이 자연스럽게 모여 산행을 시작한 것이 아양산 산행 클럽이다. 비가 오나 눈이 내리나 개의치 않는다. 낮보다는 주로 휴일 새벽에 산행을 해왔다. 제법 이력이 붙으면 꼭두새벽에 두승산 내장산의 불출봉을 거뜬히 주파하기도 했다. 명품 오솔길로 탄생하게 될 송산동 국토 순례길은 소나무 숲길로 유산소운동의 최적지로 꼽힌다. 시가지를 포근하게 감싸고 있는 충렬사 마실길은 시민들의 안락한 휴식처이며 즐거운 조깅코스로 각광받고 있다. 왕솔밭 산행의 즐거움도 빼놓을 수 없다. 새벽산행으로는 좀 벅차지만 칠보산, 입암산도 계획하고 있다. 준비도 여의치 못한 채 새벽 불출봉 산행은 기억에 남는다. 정상에서 여명의 자욱한 안개가 피어오르는 산등성이 너머로 붉게 솟아오르는 태양은 강한 생명력을 일깨워주고 성취감을 더해준다.

지난가을에는 정읍시민 단풍마라톤 축제에 단체로 참가하기도 했다. 5km코스에 참여 인원 전원이 완주하는 모습을 보여주었다. 55053의 참가번호표는 지금도 내 책장 위에 소중이 간직하고 있다.

새벽안개에 싸여 있는 구절초 꽃길은 장관이었다. 굽이굽이 연보랏빛, 청초한 찹쌀 동동주가 장금이의 미소처럼 자꾸만 생각난다.

정읍시민의 자랑이며 사랑을 듬뿍 받고 있는 정읍천은 내장사 단풍길과 더불어 전국적으로 걷고 싶은 거리의 하나로 알려져 있다.

오늘도 아양산은 우리를 부른다. 정상에 오르니 산은 노래한다. 자주 나를 품으라. 나를 사랑하라. 그리고 코끼리처럼 순박하고 건강한 시민이 되라고.

산길에 접어들기만 하면 쏜살같이 내닫는 김생기 시장님, 검소하고 원칙과 상식을 중요시하는 모습에 끌려 오늘도 새벽 코끼리산을 오른다.

※ 아양산을 코끼리 형상의 모양 같다고 해서 코끼리산이라 부르는 사람이 많다.

박삼규 교단 정년퇴임 기념문집
마중물

인 쇄 2011년 8월 10일
발 행 2011년 8월 18일

지은이 박 삼 규
펴낸이 서 정 환
펴낸곳 신아출판사

출판등록 1984년 8월 17일 제28호
주 소 전주시 완산구 태평동 251—30
전 화 (063) 275—4000, 252—5633
팩 스 (063) 274—3131
e—mail sina321@hanmail.net

값 12,000원

ISBN 978—89—5925—890—1 03810